행복한 문학편지를

_____ 님께 보냅니다.

행복한 문학편지

48인의 작가가 독자에게 들려주는 못다 한 이야기

행복한 문학편지

초판 1쇄 발행 · 2013년 6월 1일

    글쓴이   권여선 외 47인
    펴낸이   황규관
    편집장   김영숙
      편집   노윤영 윤선미
      총무   김은경

    펴낸곳   도서출판 삶창
  출판등록   2010년 11월 30일 제2010-000168호
      주소   121-838 서울시 마포구 서교동 355-22 우암빌딩 4층
      전화   02-848-3097 팩스 02-848-3094
    홈페이지   www.samchang.or.kr

ⓒ 권여선 외 47인, 2013
ISBN 978-89-6655-026-5 03810

◉ 이 책의 판권은 저작권자와 도서출판 삶창에 있습니다.
    저작권법에 의해 보호를 받고 있는 저작물이므로
    양쪽의 동의 없는 무단전재와 복제를 금합니다.

◉ 책값은 뒤표지에 표시되어 있습니다.

이 도서의 국립중앙도서관 출판시도서목록(CIP)은 서지정보유통지원시스템 홈페이지(http://seoji.nl.go.kr)와
국가자료공동목록시스템(http://www.nl.go.kr/kolisnet)에서 이용하실 수 있습니다.(CIP제어번호: CIP2013007164)

48인의 작가가 독자에게 들려주는 못다 한 이야기

행복한 문학편지

권여선 외 47인

삼창

차례

추천의 말　8

편지 하나

권여선의 편지　유년, 그 짜릿하고 발랄한 애증의 시절　13
홍명진의 편지　내 마음의 곳간　18
구병모의 편지　뜻밖의 것들로 가득한 날들에 부쳐　22
김미월의 편지　이 세상에 단 한 권뿐인 책　26
이시백의 편지　그냥 〈전원일기〉나 보셔　29
구경미의 편지　우리는 영웅이 아닙니다　33
이성아의 편지　그대는 이제 삶의 신비에 눈뜨게 될 것입니다　37
박상의 편지　매료되면 재미있습니다　41
이화경의 편지　부디 고통과 슬픔의 생을 요긴하게 써주세요　44
김이정의 편지　이 땅의 '그 남자'들에게　48
표명희의 편지　하우스푸어 시대의 자화상 하나　53

조혁신의 편지 날 버린 세상을 향해 달려갑니다   58

최용탁의 편지 딸과 친구들에게   61

최제훈의 편지 엉뚱한 상상   64

김남일의 편지 토끼가 우리 곁에서 영영 사라지기 전에 했던 말   68

조두진의 편지 시인이었으되 아내로 살기를 강요당했던 여인, 이옥봉   71

한창훈의 편지 행복의 조건   76

구효서의 편지 음악가 소설, 혹은 음악 소설이라 부르고 싶어요   80

편지 둘

문경보의 편지 마음 아래 있는 마음을 바라봐주세요   87

박혜경의 편지 라일락이 화사하게 피어 있던 어느 봄날   92

오창은의 편지 당당히 꿈꿀 권리를 갖기 위하여   97

이원규의 편지 열망   100

강제윤의 편지 부자가 되는 것은 죄악입니다   104

박영란의 편지　버려져 본 적 있나요?　　108

박상률의 편지　청소년소설을 쓰고자 하는 나의 학생에게　　111

이경혜의 편지　지금, 이 순간 살아 있나요?　　115

송성영의 편지　어리석은 지게질이 나를 살린다　　119

고봉준의 편지　추방의 시대　　123

오도엽의 편지　르포르타주의 힘　　127

전성욱의 편지　흔들림의 한가운데서　　131

최창근의 편지　달님 속 그리운 얼굴들　　135

송언의 편지　어린이는 어른의 아버지　　143

염무웅의 편지　민족사의 혼돈　　146

신정일의 편지　책을 연애하듯 읽고 공부를 노는 것처럼 하십시오　　152

편지 셋

박형준의 편지　아버지의 밀가루 떡　　159

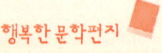

송경동의 편지 그대도 오늘 밤, 이 별에 계신지요   162

이민호의 편지 당신이 나를 부끄럽게 여기지 않는다면   166

심보선의 편지 영혼의 증거   169

유홍준의 편지 공부를 못해도 잘 살 수 있어요   171

길상호의 편지 나를 굴리는 눈사람   175

윤석정의 편지 아버지의 노래   178

이영주의 편지 사랑은 도롱뇽처럼   182

손택수의 편지 김칫국물 가라사대   185

박남준의 편지 봄비가 오는 아침   189

이영광의 편지 순진한 생각   193

장석남의 편지 시 쓰는 일과 농사일   196

이은봉의 편지 반성하고 성찰하지 않는 인간이 어디 있으랴   199

최종천의 편지 오천 원은 적은 돈이 아니다   204

추천의 말

　행복하신가요, 하고 물어보면 행복하다고 미소 지을 사람 과연 몇이나 될까요? 열 중 아홉 명은 스스로 불행하다 여기고 있지 않을까요? 길거리에서 마주치는 저 숱한 사람들 표정을 좀 보세요. 왠지 화난 것 같지 않나요? 저 얼굴 어디에도 행복은 스며 있지 않아 보입니다.
　그래서 그런 걸까요? 힐링과 치유라는 단어가 엄청나게 세를 불리고 있습니다. 힐링과 치유만이 살 길인 듯, 모두가 그쪽으로 치달려 갑니다. 그만큼 현대인의 피로도가 쌓여 있다는 증거이겠지요. 몸과 마음이 무너지는 소리가 곳곳에서 들려옵니다. 스스로 목숨 버리는 사람들 얼마나 많은가요. 경쟁과 소외에 짓눌리다가 마침내 저를 던져버리는 것이지요. 그런 점에서 힐링과 치유는 살아가기 위한 몸부림의 대안인지도 모르겠습니다.
　그런데 문제는, 그럼에도 불구하고 사람들이 행복해하지 않는다는 점입니다. 왜일까요? 무엇이 행복으로 가는 길을 가로막고 있을까요? 가만히 혼자 생각해봅니다. 혹 행복을 목적으로 여기기 때문은 아닐까 하고.

　행복은 느낌입니다. 지향이 아니지요. 저기 어디라고 설정한 뒤 정신없이 몰아간다고 해서 얻어지지 않습니다. 내 몸과 마음이 지금 여기서 절실히 느끼는, 그것이 행복입니다. 그래서 행복에는 기쁨과 슬픔, 즐거움과 화가 함께합니다. 바로 여깁니다. 이 지점에서 '행복한 문학편지'가 태동했습니다.

　편지라는 형식으로 문학과 행복의 따뜻한 만남을 꿈꾼 것이지요. 컴퓨터로 주고받은 메일이긴 해도, 편지여서일까요? 아니면 시인, 작가들이 써가는 마음에 진정성이 담겨서일까요? 귀가 절로 열리고 눈가가 촉촉해졌다는 사람들 의외로 많았습니다. 아마도 빼어난 문학과 정감 어린 편지글의 공명 아닐까 싶습니다.

　이제는 그 공명이 문학나눔 사이트를 넘어 책장 갈피갈피에서 피어날 것입니다. 버거운 생의 나날을 위로하는 고운 손길이길 바랍니다.

정우영 시인

편지 하나

어린 날의 슬픔은 때때로 잃어버린 시간들을 살게 하는 동력이 되기도 합니다. 낡은 여인숙 간판이 불러일으킨 시간의 향기 같은 것. 한 번쯤 우리 곁을 스쳤을, 당신에겐 그런 추억 없나요?

 **권여선의 편지**

　K의 아내가 부재할 때면 큰딸은 어머니의 위세를 그대로 흉내 내려 했다. 그리고 큰딸이 그럴라치면 둘째 딸은 곧바로 반항적인 태도를 취했다. 안 그래도 업둥이 콤플렉스에 시달리던 둘째 딸은 평소 언니에 대해 불만스럽게 생각했던 점과 도저히 언니를 존경할 수 없는 이유를 조목조목 털어놓았다.
　"지난주에 언니는 우리 셋이 같이 동전 모으는 우체통 저금통을 실핀으로 따고 로라장 갈 돈을 꺼내갔잖아? 또……."
　"또? 또 뭐? 다 얘기해."
　"또 어머니께서 공평하게 나누어준 간식을 나는 안 먹고 서랍 속에 넣어두었는데 언니는 언니 것 다 먹고 내 것 몰래 훔쳐가서 먹어버렸잖아?"
　"뭐 훔쳐?"
　큰딸은 번쩍 들리려는 손을 간신히 억눌렀다.
　"또……."

"또 있어?"

"또 있어. 언니가 접때 과자 사준다고 나한테 오 원짜리 과자 사줘 놓고, 나중에 꿔간 돈 십 원 갚으라고 했더니 치사하게 그때 과자 사준 걸로 쌤쌤이 치자고 했잖아?"

한도 끝도 없이 시냇물처럼 졸졸 흘러나오는 비판에 성질 급한 큰딸은 말문이 막혀 버벅거리다가 고작 '너 기억력 좋다!'는 외마디 소리를 내지르며 손을 번쩍 들어올렸다. 짝 소리가 날 때 나는 눈을 감았다. 둘째 딸은 잠시 동안 뺨을 싸쥐고 눈물을 글썽거리다가 재빨리 부엌으로 달려가 부엌칼을 가져왔다.

"너, 너, 그 칼로, 나 찌, 찌를 거야?"

"아냐! 내가 칵 죽어버리려고 그래."

"거짓말 마. 너, 나 찌를 거지? 이 나쁜 살인년아!"

큰딸은 자기가 내뱉은 욕설에 놀라 입술을 깨물었지만 둘째 딸은 침착함을 잃지 않았다.

"아냐! 내가 죽을 거야. 내가 죽어버리고 말 거야. 언니는 나빠! 언니는 정말 천하의 악녀야! 도깨비가 가져온 불운이요, 티푸스보다 더한 재앙 덩어리요, 하늘에서도 땅에서도 쉴 곳을 찾지 못할 요망한 영혼이야!"

둘째 딸은 언젠가 책에서 보고 외운 온갖 나쁜 말들을 청산유수로 주워섬기고는 안방으로 들어가 문을 잠가버렸다. 워낙에 낭랑하고 리드미컬하게 읊어대는 통에 처음에는 욕 같지도 않고 무슨 시 낭송 쯤으로 들렸던 말이, 돌이켜 생각하니 그 끔찍스런 의미가 '살인년'을 능가함을 알고 큰딸은 약이 바짝 올랐다. 큰딸은 문을 열라고 안방 문고리를 뒤흔들고 문짝을 발로 차다가 불현듯 내 쪽으로 시선을 돌렸다. 나는 등골이 오싹했다. 설마 나를? K의 영원한 귀염둥이이자 막내공주님인 나를? 그렇다. 나였다.

"너 이리 와봐."

목재문 위쪽에는 조그만 미닫이 유리문이 달려 있었고 거기로 넘어가야 하는 건 나였다.

"얼른 넘어가서 문 열어."

나는 절도에 동원된 올리버 트위스트처럼 그 좁은 공간을 통과할 수 있는 작은 몸집이었다. 간신히 그 유리문 틀에 올라타서 아래를 내려다보면 지옥이 따로 없었다. 문 바깥쪽에는 어서 들어가서 문을 따지 않으면 죽여버리고 말겠다고 외치는 큰언니가 있었고 문 안쪽에는 내려오기만 하면 이 칼로 자기 목을 따서 죽어버리고 말겠다고 외치는 둘째 언니가 있었다. 나는 오도 가도 못하고 원숭이처럼 유리문 틀에 납작 엎드린 채 눈물과 콧물이 범벅이 되도록 울었다. 울면서 나는 어서 자라서 이 유리문으로 들어갈 수 없을 정도로 몸집이 커지는 때가 오기만을 빌었다. 그러나 아무래도 그 시간보다 빨리 올 것이 분명한, 정의와 징벌의 여신인 어머니가 외출에서 돌아와 나를 구원해주기만을 기다렸다.

— 「K가의 사람들」 중에서 『내 정원의 붉은 열매』, 문학동네, 2010

유년, 그 짜릿하고 발랄한 애증의 시절

가족이라면 지긋지긋하다고 생각하는 사람들에게

　가끔 사는 일이 팍팍할 때 우리는 자신의 못남을 원망하다 못해, 자신을 이 모양 이 꼴로밖에 못 살게 만든 부모나 형제까지 원망하게 되는 경우가 있습니다. 그럴 때면 항상 운 좋게 금 숟가락을 물고 태어난 팔자 좋은 사람들을 부러워하게 되지요. 잘난 것 하나 없는데 집이 잘사는 사람들, 부유한 가족과 친지들에 둘러싸인 사람들 말입니다. 그러면 괜히 그 사람들도 미워지고 질투가 샘솟지요. 왜 내 주변엔 그런 부모나 형제가 없을까 원망은 더 커지고요. 그럴 때는 조용히 차를 한잔 마시며 자신의 유년 시절을 한번 돌아보세요.

　유년을 돌아본다는 것은 행복하고 아름다운 기억만을 돌아본다는 것을 의미하지 않습니다. 치명적인 상처나 아픔, 어처구니 없는 과오나 실수를 돌아본다는 의미도 있습니다. 아니, 오히려 좋은 쪽보다는 나쁜 쪽이, 그 횟수도 많고 훨씬 선명하게 기억에 새겨져 있지요. 그런데 가만히 과거를 돌아보면, 정말 웃음보가 팍 터지는 장면들이 누구에게나 몇 개쯤은 있기 마련입니다. 아버지가 잘난 척하다 코 깨지는 장면, 어머니가 구슬프게 울다 맛있는 음식 앞에서 무너지는 장면, 언니 오빠 동생 들과 다투다 이도 부러지고 발목도 삐는 장면 같은 것 말이지요.

　웃음에는 상당한 치유 효과가 있습니다. 만약 아무리 샅샅이

기억을 더듬어도 웃을 만한 대목은 손톱만큼도 찾을 수 없고 비참한 기억들만 가득하다면, 당신은 진정 불행한 사람입니다. 당신의 과거가 당신을 불행하게 만든 면도 있겠지만, 당신 자신이 당신의 과거를 불행하게 만든 면도 있다는 점에서 그렇습니다. 어디에서도 웃음을 찾을 수 없을 만큼 재미없는 인간이 되었다는 건, 오로지 과거의 책임이나 남의 탓만은 아닐 것입니다.

웃음도 행복도, 노력이 필요한 일입니다. 부디 저 물결치는 푸른 유년의 바다에서 싱싱한 웃음을 한 그물 건지시기 바랍니다. 혹시 모르는 일이지요. 삶이라는 살벌한 전투의 와중에서 그 웃음을 함께 나눈 적이 있다는 이유만으로 한없이 원망스럽기만 하던 가족들이 문득 애틋해지고, 그들에게 강한 전우애를 느낄 수도 있으니 말입니다.

권여선 올림

권여선
1996년 장편소설 『푸르른 틈새』로 제2회 상상문학상을 수상하며 등단했다. 소설집 『처녀치마』 『분홍 리본의 시절』 『비자나무 숲』, 장편소설 『레가토』가 있다. 오영수문학상, 이상문학상을 수상했다.

홍명진의 편지

　늘 푸석한 얼굴에 조끼를 껴입고 있던 여자는 가슴에 목단꽃이 크게 수놓아진 보랏빛 스웨터를 입고 있었다. 굵은 단추 두 개가 풀린 스웨터의 앞섶 사이로 드러난 여자의 길고 흰 목이 예뻐 보였다. 여자가 몸을 약간 기울여 프라이팬의 고기를 뒤적일 때마다 스웨터 깃에 가려졌던 오목한 쇄골에 꽤 큼지막하게 자리한 푸른 점이 언뜻언뜻 드러났다. 아버지의 눈빛은 푸른 점에 붙어 있었다. 나는 불안한 눈으로 여자를 한 번 쳐다보고 아버지의 얼굴을 한 번 쳐다보았다. 아버지의 눈길을 느꼈는지 뺨이 발그레해진 여자가 느릿느릿 스웨터의 단추를 채웠다. 코끝이 조금 달아오른 아버지의 눈빛은 어머니를 바라볼 때나 나를 바라볼 때와는 전혀 다른, 낯선 눈빛이었다. 고기를 주워 먹던 삼봉이가 젓가락질을 멈추고 여자를 쳐다보며 히죽 웃었다. 나는 슬쩍슬쩍 아버지의 눈치를 보면서 고기를 집어 먹었다. 돼지비계를 숭덩숭덩 썰어 넣은 김치찌개밖에 할 줄 모르는 어머니보다 야들야들하게 썬 살코기를 양념에 재 달달 볶은 여자의 두루치기가 훨씬 더 달콤한 게 입에 착착 붙었다.

　그날 밤, 아버지는 쉬이 잠들지 못했다. 추적추적 내리는 빗소리 때문인지, 옆방에서 나는 소리 때문인지 자다 일어나 앉아 담배만 태워댔다. 나는 아버지가 피우는 담배 냄새와 성냥불을 그을 때마다 확 피어나는 황 냄새를 맡으며 이쪽저쪽으로 몸을 돌려 누웠다. 옆방에서는 여자의 웃음소리가 들려왔다. 벽을 흔들듯이 울리던 높은 웃음소리는 어느 순간 앓듯이 자지러들었다. 아버지가 어둠 속에서 담배를 빨아들일 때마다 아버지의 코끝이, 덩치 큰 그림자가 떠올랐다 사라졌다. 빗소리 때문인지 나는 밤새도록 개천에 빠져 허우적거리는 꿈을 꾸었다.

― 「삼봉여인숙」 중에서 『터틀넥 스웨터』, 삶창, 2011

내 마음의 곳간

추억을 간직한 당신에게

　초등학교에 입학하기 전, 낯선 도시의 여인숙에서 아버지와 함께 지낸 적이 있습니다. 어머니는 일을 따라 타지로 떠도는 아버지에게 시위하듯 나를 데려다 놓고 집으로 돌아가 버렸죠. 생전 처음 경험하는 여인숙이라는 공간은 뜨악했던 아버지의 존재

만큼이나 생뚱맞았지만, 어린 내 마음에 깊은 우물 같은 집을 한 채 지어놓았습니다.

　소설에 등장하는 바보 삼봉이와 주인공 미야는 어느 날 불쑥 내게 찾아왔습니다. 고가도로를 달리는 버스 차창으로 간판 글자가 떨어져 나간 낡아빠진 여인숙 건물이 스쳐 갈 때, 불현듯 오래 묵은 추억 한 토막이 오버랩 되었지요. 시가지를 가르는 개천을 사이에 두고 버스 터미널 한쪽에 몰려 있던 집들. 좁은 골목 깊숙이 들어가자 옻칠이 된 대문을 거느린 여인숙 건물들이 이어졌습니다. 아버지는 그 골목의 한 여인숙에 묵으면서 날일을 다녔지요. 개천의 나무다리를 건너다니며 일 나간 아버지가 돌아오기를 기다리던 시간, 집으로 돌아가지 못할지도 모른다는 두려움, 무엇보다 낯선 동네에서 어울렸던 아이들 속에서 내가 누구인가를 어린아이답지 않게 골똘하게 생각하며 외로워했던 일. 아버지와 나란히 누워도 끊임없이 말소리와 발소리, 웃음소리와 문이 여닫히는 소리가 들리던 여인숙의 밤. 달리는 차창에 머리를 기댄 채 눈을 감자 깊은 우물 속에 가라앉아 있던 풍경들이 말갛게 떠올랐습니다.

　아직 생이 수없이 얽힌 인연들의 비의(秘意)로 이루어졌음을 몰랐던 그때, 가슴 한편을 깊숙이 베고 간 날카로운 무언가를 아직도 내 손아귀에 꼭 쥐고 있음을 깨달았습니다. '삼봉여인숙'에 두고 온 어린 날의 슬픔은 때때로 잃어버린 시간들을 살게 하는 동력이 되기도 합니다. 낡은 여인숙 간판이 불러일으킨 시간의 향기 같은 것. 한 번쯤 우리 곁을 스쳤을, 당신에겐 그런 추억 없나요?

홍명진 올림

홍명진
2001년 단편소설 「바퀴의 집」으로 전태일문학상을 받았으며 2008년 「터틀넥 스웨터」로 경인일보 신춘문예에 당선되었다. 장편소설 「숨비소리」가 있으며 청소년 소설 「우주비행」으로 사계절문학상, 소설집 「터틀넥 스웨터」로 백신애문학상을 수상했다.

 구병모의 편지

착각이 아니냐고요. 계속 물속에 있던 사람인데, 원래 묻어 있던 물인지 틈에서 새어 나온 물인지를 어떻게 아느냐고요, 그것도 어둠 속에서. 저도 처음에는 상처라고 생각하고 싶었지만, 생긴 지 얼마 되지 않은 상처라면 그 정도 크기와 깊이에 당연히 피가 흐르고 더구나 물 묻은 피가 아래로 번졌겠지요. 생긴 지 오래된 상처라면 그 흔적이 사람의 피부에 온전히 자리를 잡기 때문에 그렇게 뚜껑을 열었다 닫듯이, 입술 벌어지듯이 움직이지 않는다고요. 아시겠어요? 거기에 달빛을 받은 그의 목은 사람의 살결이라기보다는 섬세한 그물무늬를 가진 비늘처럼 빛나 보였다는 사실도 보탤게요.

그가 물속으로 완전히 몸을 담갔을 때, 이제 꼬리지느러미가 수면 위로 한 번 떠오르겠다고 기대했어요. 인어란 사람이 보는 데서는 변신하지 않는 법이니까, 물에 잠긴 다음 모습을 바꾸어 단 한 번 꼬리를 솟구치리라고 말이에요. 하지만 기대와 달리 물에 들어간 그는 두 번 다시 나오지 않았어요. 구급차가 결국 건너편으로 올 때까지, 강물 위에 부걱거리는 수많은 거품 가운데 무엇이 그가 뿜어내는 공기 방울인지 알 수 없었어요.

목격자들의 말에 따르면 당신을 건져준 사람이 있다는데 어디 갔느냐고 구급대원들이 물었을 때, 나는 그 사람이 물 밖으로 나오지 않으니 수색해달라고 말했어요. 그건 최소한 사람의 도리와 일반사회의 상식을 갖춰 말한 거였지만, 사실은 그러면서도 그가 벌써 어디론가 무사히 헤엄쳐서 사라졌으리라고 믿었어요. 그대로 물속으로 깊이 빠져들어 다른 물고기들과 한데 섞여 또 다른 강줄기를 따라갔을 거라고 말이에요. 그 부옇고 탁한 강물이나마 자기의 고향이거나 유일한 집이어서 거기 몸을 맡길 수밖에 없을 거라고요. 결국 부근에서는 시체가 나오지 않았지요?

— 『아가미』 중에서 『아가미』, 자음과모음, 2011

뜻밖의 것들로 가득한 날들에 부쳐

세상에 일어날 수 없는 일이란 없다는 걸 믿지 않는 이들에게

어쩌다 독서나 음악 감상을 하고 난 직후 들이진 목화솜처럼 감수성이 하얗게 부풀어 올라 있을 때는, '눈에 보이는 것이 전부가 아니'라는 말들을 참 쉽게 합니다. 그러나 현실로 돌아와 일상생활에서 보면 어떤가요. 자신이 보거나 듣거나 만져보지 못한 것에 대해 가차 없이 '그건 말도 안 돼' 또는 '믿을 수 없다'고 잘라버리곤 합니다.

저는 어려서는 말할 것도 없고 어른이 되고 나서도 꼭 한 번쯤 '이상한 것'을 만나보고 싶었습니다. 고공에서 흔들리거나 떨어지는 놀이기구를 못 탈 만큼 심약한 편인데도, 세트장처럼 만들어진 흉가 체험 코스 같은 것 말고 진짜 귀신을 봤으면 좋겠다고 생각했고, 지금도 과학이나 논리로 설명되지 않는 세계 곳곳의 각종 기이한 현상들에 관심이 많습니다. 그러나 36년을 살아오는 동안 그런 비일상적인 일은 매체에서 다루어지는 가십 기사일 뿐, 저에게는 한 번도 일어나주지 않았지요.

그러다 문득 생각했어요. 왜 나는 그것을 눈으로 보고, 즉물적이며 감각적인 방법으로 인식하고 싶어 하는 걸까? 눈에 보이지 않는 것이 분명 우리 곁에 존재한다는 사실을 이미 공기나 먼지로 잘 알고 있는데 어째서 '나와 다른 존재'에 대해서만은 실제로 보고 만져야만 알겠다는 걸까?

그러다가 이런 생각에 이르렀습니다. 세상에 있을 수 없는 일이란 없다고요. 비록 저 자신에게 뜻밖의 낯선 일이 일어난 적은 없지만, 분명 제가 모르는 어딘가에서는 일상적인 일일지도 모르며, 그 낯섦을 대하는 사람들의 시선은 한없이 깊고 따뜻할지 모른다고 말입니다.

그러니 이 소설은 나와 다른 것, 내가 알고 싶지 않고 믿고 싶지 않은 것을 아우르는 세상의 모든 타자들의 이야기입니다. 내가 돌아보지 않는다고 하여 그 존재마저 없는 셈 치고 지워버릴 수 없는, 작고 아프고 못나고 덜떨어진다고 일컬어지는 것들에 대한 이야기입니다. 그 존재들을 인지하고 그것이 내 옆에 분명 있다는 사실을 받아들일 때, 우리가 진짜라고 생각했던 삶이 순간의 착란에 지나지 않는다는 사실을 깨닫게 될 것입니다.

구병모 올림

구병모
편집자로 활동하다 현재는 집필 활동에 몰두하고 있다. 소설집 『고의는 아니지만』, 장편소설 『위저드 베이커리』 『아가미』 『방주로 오세요』 『피그말리온 아이들』 등이 있다.

김미월의 편지

가끔 이런 상상을 해보곤 한다.

이 세상은 어쩌면 한 권의 거대한 책일지도 모른다는 상상. 굳이 책의 형태를 따지자면 아주 크고 복잡하고 정교한 팝업 북쯤 되겠지. 주인공은 물론 나다. 상상의 주체가 나니까. 내가 사고하고 행동하는 대로 책의 내용이 결정되는 것이다. 그러니까 나는 지금 결말을 예측할 수 없는 엄청나게 방대한 분량의 이야기 속에 살고 있는 것이다.

또한 나는 믿는다. 내가 책을 읽듯이, 내가 살고 있는 이 세상이라는 크고 복잡하고 정교한 팝업 북을 펼쳐보고 있는 미지의 존재 또한 어딘가에 분명히 있을 거라고. 그것은 외계의 미확인생명체일 수도 있고 신(神)일 수도 있다. 아니면 인간의 언어로는 규명된 적 없고 규명될 수도 없는, 불가지하고 불가해한 그 무엇일 수도 있다. 하여튼 나는 내가 주인공으로 등장하는 이 거대한 책의 페이지를 지금 이 순간에도 누군가 한 장씩 한 장씩 넘기고 있으리라 믿는다.

혹자는 망상이라고 비웃을지도 모를 이러한 공상들은 나에게 위안을 준다. 괴롭거나 힘든 일이 생기면 나는 스스로를 타이른다.

'어쩔 수 없잖아. 주인공은 원래 갖가지 시련들을 겪어야 하는 법이니까. 그렇다고 미리 겁먹을 필요는 없어. 스토리에 따르면 주인공은 그것들을 다 극복하게 되어 있거든.'

— 『여덟 번째 방』 중에서 『여덟 번째 방』, 민음사, 2010

이 세상에 단 한 권뿐인 책

스스로를 보잘것없는 존재라 여기는 십 대들에게

어렸을 때 저는 제가 세상의 중심인 줄 알았습니다. 텔레비전 만화영화를 볼 때도 당연히 저 자신은 악당인 '나쁜 편'이 아니라 주인공인 '우리 편'이라고 생각했지요. 세상이 모두 저를 응원해주고, 그래서 결국은 나쁜 편을 물리치고 승리할 것이라고 믿었습니다.

그러나 자라면서 차츰 알게 되었어요. 저는 주인공이 아니라 수천수만의 등장인물 중 하나일 뿐이라는 것을, 상황에 따라 '우리 편'이 될 수도 있지만 '나쁜 편'이 될 수도 있다는 것을, 그리고 세상이 저를 응원할 때보다 시험하거나 외면하거나 조롱할 때가 오히려 더 많다는 것을요. 그러한 사실을 깨달으면서 어느 순간 어른이 되었습니다.

내가 보잘것없는 존재라는 것, 한없이 작고 나약한 존재라는 것. 그것을 깨닫는 일은 서글펐어요. 그러던 어느 날 저는 문득 상상해보았지요.

이 세상은 어쩌면 한 권의 거대한 책일지도 몰라. 주인공은 물론 나지. 내가 책의 내용을 결정하는 거야. 내가 서쪽으로 가면 책 내용도 서쪽으로 가는 사람에 대한 것이 되고, 내가 짝사랑을 하면 책 내용도 짝사랑을 하는 사람에 대한 것이 되지. 그러니까 이 책은 내가 쓰는 거야. 내가 작가고 내가 주인공인 이런 책은 세상에 단 한 권밖에 없어. 그래서 귀해. 그래서 특별해. 나는 아주 귀하고 특별한 사람인 거야.

여러분도 이런 상상을 해보신 적이 있겠지요? 아직 안 해보셨다면 한번 해보세요. 여러분이 세상에 단 하나밖에 없는 아주 특별한 책의 주인공으로 여러분의 삶을 살아가고 있다는 생각을 하면서 돌아보는 눈앞의 세상은, 그리고 여러분 자신은, 정말로 아주 특별하거든요.

김미월 올림

김미월

2004년 세계일보 신춘문예에 단편소설 「정원에 길을 묻다」가 당선되어 등단했다. 소설집 『서울 동굴 가이드』 『아무도 펼쳐보지 않는 책』, 장편소설 『여덟 번째 방』이 있다. 신동엽창작상을 수상했다.

이시백의 편지

 일신이 편하니 그만큼 손에 들어오는 돈이 줄 것은 당연한 일이지만 동네에 중늙은이까지 골프장이다, 공장에 아파트 경비로 죄 돈 되는 데 몸을 팔러 다니느라 농사는 닭 기르거나 누에치는 일처럼 곁두리가 되고 말아 어디 사람 손을 빌려 품앗이를 할 수도 없었다. 농사란 것은 죽은 양반 말마따나 이미 볼 장 다 본 일이 아닐 수 없었다. 처음 들을 때는 채신머리없고 황당하게만 들렸지만 요즘 들어 가만히 생각하면 그이 말이 그른 것이 하나도 없었다. 농사가 천하지그지가 된 것이 어디 그이 잘못이겠는가. 대통령 된 이들치고 모내기 철에 발목 걷고 논에 기어들어와 막걸리를 마시지 않은 이가 몇 있던가. 따지고 보면 가난한 농부의 자식으로 태어났다는 이도 겉으론 농사꾼 챙겨주는 듯싶으면서도 도시 부근에 공장을 산처럼 지어 한참 일할 젊은것들을 빼다가 공원으로 부려 먹느라 촌구석은 개 새끼와 노인네들만 남겨 놓은 것도 그이 덕이지 않은가. 물색없이 그 장단에 놀아 새벽종을 울려가며 기껏 해 놓은 것이 초가 이엉 걷어내어 암 일으킨다는 스레트 지붕 얹은 것이며, 미꾸리 건져내던 개울에 시멘트 부대께나 털어 부어 하수구 도랑을 만들어 놓은 게 고작이었다. 어디 백성들을 부려 제 공을 쌓은 게 처음 있는 일이겠느냐만 보릿고개 면한 것만으로도 감지덕지한 일이라고 촌사람들 스스로가 감읍해하는 꼴을 언제까지 지켜봐야 하는지 밍밍한 일이 아닐 수 없었다.

　가슴이 답답하여 담배라도 태울까 주머니를 뒤져 보지만 쫓기듯 나오는 바람에 그마저 챙기지를 못했다. 기삼 씨는 논두렁 가장이에 열을 지어 해반주그레한 얼굴을 한들거리고 있는 망초 꽃대만 손바닥으로 맥쩍게 훑어댔다.

　　―「웹 2.0」 중에서 『갈보 콩』, 실천문학사, 2010

그냥 〈전원일기〉나 보셔

다 때려치우고 시골 가서 농사나 짓겠다는 친구에게

　뭘 때려치우려는지는 몰라도 농사나 짓겠다고? 새창벌 고래실에서 고조의 고조 대부터 대를 이어 농사를 지어온 한산 이씨 집안의 농사 구단 병재 아재도 '답이 안 나온다'고 농사를 작파하고 아파트 경비 다닌 지 이태가 넘는다는 건 미리 알아두셔. 서울 여자들 발 달린 스타킹이란 것을 빤쓰 겉에 입는지 안에 입는지는 잘 알아도, 논에다 벼를 심는지 파를 심는지도 모르는 자네가 농사를 짓겠다니 논바닥에 던져 넣은 우렁이가 웃을 일이여. 꼭 저녁상 받을 때면 비릿한 갯가의 젓갈이며, 토장국에 보리새우 구수하니 끓어 넘치는 장면만 골라 내보내는 〈6시 내고향〉을 들여다보고는, 그저 촌이란 곳이 여름이면 불거지며 잉어가 떼 지어 다니는 개울에 풍덩 천렵질로 찬거리를 삼고, 싸락눈 내리는 겨울밤이면 절절 끓는 사랑방에 모여 두부내기 뻥이나 치며 한가히 지내는 곳인 줄 여긴다면 잠깐 댕기러라두 오덜 말어. 도시 생활에 몸이고 마음이고 개 핥아놓은 죽 그릇처럼 말끔하니 빈 처지야 조석으로 틀어대는 일일드라마 보고 익히 알고 있으니 며칠 쉬다 가라 하고 싶지만, 저는 해볼 것 다 하고, 먹을 것 다 처먹고 나서 촌은 촌다워야 한다며 아궁이에 군불때기를 종용하고, 모는 손으로 심어야 제맛이라며 주절거릴 바에야 그저 아파트 안방에 들어앉아 해묵은 〈전원일기〉나 몇 번이고 우려 보셔.

　시방은 천연기념물이 된 농촌소설 두어 편 끼적거려 내놓았더니, 힐끔 들여다본 것들마다 '아무리 그래도 농촌이 마음의 고향이니 어디 마음 붙이고 기댈 데가 있어야 하지 않겠느냐'고 씨월거리니, 무슨 시골이 멀쩡한 사람들 붙잡아다 머리 틀고 앉아 온종일 맷돌 돌리게 하는 민속촌인 줄 아는 겨. 마음 붙이고 기댈 구석을 찾기 전에, 외양간의 소며 문전옥답 올려붙여 장만한 아파트 간판부터 고치는 게 우선인 줄이나 아셔.

'하이페리온리젠시아' 어쩌고 하는 이름으로야 열 번 들어 워디 한 번이나 찾아가겠나.

이시백 올림

이시백

88서울올림픽이 열리던 해, 엉겁결에 『동양문학』 소설 부문 신인상으로 등단했다. 스물네 해 남짓 중·고등학교에서 아이들을 가르치다가 몇 해 전에 그만두고, 지금은 경기도 수동면 광대울에서 주경은 조금 시늉을 내나 야독은 충실히 하지 못하고 쓰러져 잠들기 잦다. 산문집 『시골은 즐겁다』, 자유단편소설집 『890만 번 주사위 던지기』, 연작소설집 『누가 말을 죽였을까』, 장편소설 『메두사의 사슬』 『종을 훔치다』 『나는 꽃도둑이다』 등이 있다. 권정생 선생님의 눈물겨운 제1회 창작지원금을 받았다.

구경미의 편지

 이상한 일이었다. 총소리는 들리지도 않았는데 아버지의 어깨가 움찔하는 순간 그녀가 눈밭으로 쓰러졌다. 뭐지? 다음 순간이었다. 그녀가 팔을 허우적대더니 힘겹게 몸을 일으켰다.
 "빌어먹을 눈!"
 욕하는 소리가 내게까지 들렸다. 그제야 나는 상황을 이해했다. 아아, 총을 쏜 게 아니었구나. 그녀가 쓰러져서 아버지가 움찔했던 거였구나. 나는 참았던 숨을 내쉬었다. 하지만 아직 끝난 게 아니었다. 아버지의 팔이 또다시 난간 밖으로 뻗어 나왔고 총구는 그녀를 따라 움직였다. 나는 또 어느새 두 손으로 멱살을 꽉 움켜잡고 있었다. 살 떨리는 몇 초가 영겁의 시간처럼 흘렀다.
 마침내 그녀가 쓰러졌다. 이번에도 총소리는 듣지 못했지만 나는 내 눈을 의심하는 대신 내 귀를 의심했다. 너무 긴장해서 총소리를 듣지 못했다고 생각했다. 아니면 총소리가 너무 커서 가까이 있는 사람에게는 잘 들리지 않는 모양이라고 생각했다. 나는 한 번도 실제로 총소리를 들어본 적이 없었다. 그랬으므로 나는 논리적으로 생각할 필요가 없었고, 보이는 대로 보면 그만이었다. 그러나 이번에도 그녀는 몸을 일으켰다. 눈밭에서 잠깐 꿈틀거리는가 싶더니 불룩한 상체를 일으켜 앉았다.

"아직까지 눈도 안 치우고 다들 뭐 하는 거야? 해가 중천에 떴는데도 집구석에 자빠져 있고 싶나?"

욕하는 소리가 선명하게 들렸다. 나는 얼른 옥상 위를 올려다보았다. 사색이 된 아버지가 몸을 낮추는 게 보였다. 그 눈동자……. 아버지는 겁에 질려 있었다. 아! 아버지가 아니었구나!

입간판 뒤에 몸을 숨긴 채 몇 분을 더 지켜보았지만 아버지의 리볼버는 결국 불을 뿜지 못했다. 기회가 많았음에도. 그녀가 그렇게 소리쳐도 내다보는 이 하나 없었음에도.

아버지가 주저하는 사이 그녀는 키위새처럼 뒤뚱거리며 골목 저 끝으로 멀어져 갔다.

― 『키위새 날다』 중에서 『키위새 날다』, 자음과모음, 2011

우리는 영웅이 아닙니다

복수를 꿈꾸는 이들에게

한때 누군가를, 혹은 무언가를 죽이고 싶도록 미워해본 적이 있으신가요? 그래서 복수를 꿈꿔보신 분이 계신가요? 『키위새 날다』는 복수에 관한 이야기입니다. 아내를 먼저 떠나보낸 남자의 한심스럽도록 소심한 복수극이죠. 어느 일요일 오후, 텔레비전을 보다 말고 문득 남자가 말합니다. '국제상사 여자' 때문에 아내가 죽었다고. '그 여자가 원인이었다'고. 그리고 복수를 다짐합니다. 도대체 남자는 왜, 느닷없이, 아내가 죽은 지 8년이나 지난 뒤에 복수를 하겠다고 나서는 것일까요. 게다가 그 '원인'이라는 것도 사소하기 짝이 없는 것들뿐입니다. 오죽하면 자식들마저 코웃음을 칠까요.

그런데 남자는 정말, 진정으로 '국제상사 여자' 때문에 아내가 죽었다고 생각하는 것일까요? 정말 그럴까요? 나중에 남자가 말합니다. 그 총구는 자신을 향했어야 했다고. 남자는 처음부터 알고 있었던 것입니다. 자신의 무능이 빚은 결과(아내의 죽음)에 대한 자책이 너무 커서 그 원망의 화살을 엉뚱한 곳으로 돌렸을 뿐이지요. 계속해서 자신을 탓하기보다는 남을 탓하는 게 더 쉬우니까요. 그래야 숨을 쉴 수 있으니까요. 스스로를 원망하며 사는 삶이란 지옥과 마찬가지니까요. 어쨌거나, 복수라는 한바탕 소동을 끝낸 후 남자는 마침내 자신의 죄책감과 화해합니다. 아내가 죽은 지 8년 만에 마음의 짐을 내려놓습니다.

키위새는 날지 못합니다. 날개가 퇴화되었기 때문이죠. 뒤뚱뒤뚱 걸을 수밖에 없는 키위새가 제 눈에는 이 땅에서 함께 어울려 살아가는 우리 이웃들처럼 보였습니다. 우리 이웃들도 대개는 무언가가 퇴화된 채 하루하루를 뒤뚱거리며, 비틀거리며 살아가고 있죠. '국제상사 여자' 역시 우리의 이웃이고, 복수를 꿈꾼 '은수'와 '경수'의 아버지 역시 우리의 이웃입니다. 지극히 평범하다는 뜻입니다. 우리는 영웅이 아닙니다. 자책하고 죄책감에 빠지고 그러다 책임을 전가하기도 하고 남을 원망하기도 합니다. 이것이 우리들의 평범한 삶입니다.

오늘도 복수를 꿈꾸는 당신, 혹 그 복수가 본인이 숨 쉬기 위해, 스스로를 탓하는 게 너무 힘들어서, 외로워서, 다른 대상을 찾아낸 건 아닌가요. 하지만 당신은 아직 아무런 잘못도 하지 않았습니다. 죄책감도 내려놓고 복수를 꿈꾼 당신도 용서하세요. 너그러운 눈으로 자신을 바라보세요. 사랑한다고 말해보세요. 어떤가요. 세상이 조금은 달라 보이지 않으세요?

구경미 올림

구경미

1999년 경향신문 신춘문예에 단편소설 「동백여관에 들다」가 당선되어 작품 활동을 시작했다. 소설집 『노는 인간』, 『게으름을 죽여라』, 장편소설 『미안해, 벤자민』, 『라오라오가 좋아』, 『키위새 날다』, 『우리들의 자취 공화국』 등이 있다.

이성아의 편지

 그들 곁으로, 좀 전에 보았던 사내가 걸어오더니 벤치에 앉았습니다. 사내의 어눌한 표정과 태도는 소녀들의 관심을 끌지 못했습니다. 완벽하리만치 무심한 소녀들 속에서 불구의 사내는 존재의 무게를 잃어버린 듯했습니다. 소녀들의 거리낌 없는 목소리와 웃음소리는 삶의 환희, 그 자체였습니다. 그러나 세월이 흐르면 저 소녀들도 여인이 되겠지요. 그리고 어느 날 문득 자기 앞에 아가리를 벌리고 있는 허방에 발이 빠지기도 하겠지요.
 그중에서도 여자 나이 서른, 그건 철없는 소녀가 마침내 여인이 되는, 뼈가 저리도록 고독한 고통을 지불해야 하는 나이가 아닐는지요. 자기 속에 자기도 모르는 괴물 같은 욕망과 맞서 싸워야 하는 나이가 아니겠는지요. 그때 당신이 나타난 것입니다. 당신을 외면했다면, 저는 평온한 일상을 누리고 있었을까요. 철마다 커튼을 바꿔 달고 시장에서 제철 요리 재료를 사 와 남편을 기다리며 밥상을 차리고 있었을까요?

아무리 생각해봐도 그건 제 것이 아닌 것 같습니다. 그리고 이제 알 것도 같습니다. 당신과의 만남은 제게 판도라의 상자 같은 게 아니었는지. 아무런 열정도 없이 살아가는 삶이란 사치스런 물건으로 가득 찬 고래등 같은 집을 지녔으되 사람 냄새가 나지 않는 삶과 무엇이 다를까요. 그러니 당신은 제 인생에서 궁극적으로 한 번은 넘어야 할 고개였던 것이지요. 아버지란 고개를 넘기 위해 남편이 있었듯이 당신은 제게 남편이란 고개를 넘겨주기 위해 나타난 것은 아니었는지, 이런 생각을 해봅니다.

앞뒤를 분간하지 못하던 서른의 열정은 그러니까 제 자신을 파괴하려는 몸부림에 다름 아니었던 것입니다. 그리하여 그 자리에 당신이 아닌 누가 있었더라도 저는 그 과정을 고스란히 밟았을 것입니다.

다시 눈 내린 밤의 풍경이 잡힐 듯 떠오릅니다. 그렇듯 삶도 한순간에 뒤집히기를 소망하던 서른의 제 모습도 보입니다. 한순간에 뒤집히는 삶이란 있을 수 없다는 듯이, 다음 날 오후 햇살에 하얗게 뒤덮여 있던 것들이 적나라하게 드러나던 것도 기억합니다.

그것은 당신이 사라진 후, 너저분하기 짝이 없는 제 삶이 비로소 실체를 드러내던 것과 비슷한 느낌입니다. 그러나 그것이 바로 제가 찾고자 했던 진정한 저의 모습이란 것을 이제 알겠습니다. 눈물겹도록 부끄럽지만 받아들여야 한다는 것도요. 그러고 나면 그런 제 자신을 사랑할 수 있을 것 같습니다. 이제는 꼭꼭 닫아걸고 있던 마음의 문을 열고 누군가를 받아들이고, 서로를 파괴하지 않는 깊은 사랑을 할 수도 있을 것 같습니다.

— 「밤눈」 중에서 『태풍은 어디쯤 오고 있을까요』, 삶창, 2011

그대는 이제 삶의 신비에 눈뜨게 될 것입니다

절망과 자학의 늪에 빠진 여인들에게

그대, 지금 절망에 빠져 있나요? 자신의 삶이 산산이 부서졌다고 생각하나요? 돌이킬 수 없이 실패했다고 생각하나요? 그렇다면 그대는 비로소 진정한 삶의 환희를 맞을 준비가 된 것인지 모릅니다. 모든 것이 끝났다고 생각하는 순간, 오히려 진정한 삶의 진경이 열리는 것, 이것이 바로 삶의 신비이지요.

세상 만물은 움직입니다. 움직이고 변화합니다. 움직이고 변화하지 않는 것은 죽은 것입니다. 살아 있는 것은 움직이고 변합니다. 그런데 그 운동의 방향은 어디일까요? 세상 모든 운동은 안정된 상태를 향해서 움직입니다. 우리가 행복하다고 느끼는 순간이 아마 그때겠지요. 그러나 그 상태는 길지 않습니다. 고착은 곧 죽음이니까요. 삶의 아이러니지요. 그리하여 그대에게 닥친 고통, 슬픔, 절망은 권태와 안일에 빠진 그대의 삶을 깨우기 위한 죽비인지 모릅니다.

아나톨 프랑스란 작가는, 어째서 삶은 유년기·청년기·장년기·노년기로 흘러가는지, 그 반대였다면 우리는 보다 지혜롭게 살 수 있었을 것이라며 탄식했습니다. 그러나 만일 그랬다면 삶은 얼마나 권태로웠을까요. 삶을 질식시키는 것은 실은 '지혜 없음'이 아니라 '권태'니까요. 존재를 뿌리째 흔들었던 욕망, 좌절, 실수와 실패들, 그것들은 어쩌면 진정한 삶을 위해 지불해야 하는 대가인지 모릅니다.

삶은 그 사람이 감당할 만큼의 고통을 준다고 합니다. 이 말은 곧 고통의 크기와 영혼의 깊이가 비례한다는 의미겠지요. 이것을 깨닫는 순간, 그대는 고통의 맛을 느끼게 될 것입니다. 뜨겁고 짜고 신, 뭐라 형언할 수 없는 오묘한 맛 속에 감춰진 달콤함을 찾아낼 수만 있다면, 그대는 고통조차 사랑하게 될 것입니다. 그리고 그런 자신을 사랑하지 않고는 배기지 못할 것입니다.

이성아 올림

이성아

1995년 「내일을 여는 작가」에 단편소설 「미오의 나라」를 발표하면서 작품 활동을 시작했다. 소설집 「절정」 「태풍은 어디쯤 오고 있을까요」, 장편소설 「언제나 시작은 눈물로」, 어린이책 「누가 뭐래도 우리 언니」 「작은 씨앗이 꾸는 꿈, 숲」 「채플린」 「까치 전쟁」, 청소년 소설 「그 순간 너는」(공저), 평전 「아파치 최후의 추장 제로니모」 등이 있다.

박상의 편지

그것은 기타 소리의 풍부한 울림 때문이었다. 기타의 음색이 끼쳐대는 진동이 고남일의 가슴에 지각변동을 일으켜 버린 것이다. 세상 모든 아름답고 신기한 것들을 코앞에 들이대도 기타만큼 그를 매료시킬 수 있는 건 앞으로도 없을 것이라고 고남일은 생각했다.

매료란 참 멋진 말이다. 제발 의학이라면, 사람의 병을 고치는 일에 매료된 자들이 하고, 정치라면 국가와 국민을 위해 헌신하겠다는 일념에 매료된 자들이 하고, 군인이라면 싸워서 이기고, 나라를 지키는 일에 완전히 매료된 자들이 해야만 하는 것이다. 공무원은 공공을 위해 봉사하겠다는 꿈에 부풀어 오른 자가 하고, 정의를 실현하기 위해 미칠 것 같은 놈이 검사를 하든 경찰을 하든 해야 한다. 그런 일뿐만 아니라 도어맨이든, 택시 운전이든, 똥 푸는 일이든, 뭐가 됐든 자신이 하고 싶은 일을 해야 인생에 매료되는 것이라고 그는 믿었다.

― 『15번 진짜 안 와』 중에서   『15번 진짜 안 와』, 자음과모음, 2011

매료되면 재미있습니다

재미있는 삶을 살고 싶은 이들에게

 병원에 가면 사명감을 가지고 진료하기보다는 사무적이며, 심지어 권위만 앞세우는 일부 의사들을 간혹 만난다. 그런 놈들의 눈썹은 대개 신경질적이며, 지루해 죽겠다는 표정이다. 사회적 우월감을 가진 고소득 전문직이라는 이유만으로 의사가 된다면 그 일로 먹고사는 게 영 재미없지 않을까.

 학창 시절 내 장래 희망은 작가였다. 그런 걸 적는 놈은 아예 없었기 때문에 이상한 변태 취급을 받았지만 나는 정말 열광적으로 꿈꿨다. 의사라고 적는 친구들은 정말 그게 진심이었을까. 그냥 썩 괜찮아 보이는 걸 대충 적었다면 설령 목표를 이루더라도 그 일에 홀라당 매료될 수 있을까. 누가 다치면 치료하고 싶고, 사람은 왜 아픈가를 연구하고, 질병 따위 다 덤벼보라고 씹어 먹을 듯 수련에 몰두하면서 남다른 보람을 느끼는 사람이 의사가 되면 자기 인생이 심심하지 않을 것 아닌가. 작가가 된 내가 지긋지긋한 생활고에 시달리고 있어도 삶에 눈곱만큼의 불만도 없고 빈곤조차 마냥 재미있기만 한 것처럼.

 아무리 돈이 안 되고 남이 업신여기더라도 자기가 하고 싶은 일을 하는 사람들이 이 세상에 많았으면 좋겠다. 한순간 운명처럼 매료된 것을, 하지 않으면 견딜 수 없는 것을 하면서 산다면 아무리 힘들어도 그 사람의 삶은 즐거울 테니까.

돈이고 명예고 지위고 나발이고 빌어먹을 삶이란 일단 재미있고 신 나야 버틸 것 아닌가.

박상 올림

박상
어릴 땐 바보같이 빨리 어른이 되길 꿈꿨다. 지금은 주름살에 식겁하며 감자팩을 하고 있다. 중학생 때부터 작가를 꿈꿨으나 등단은 중년에 했다. 오래 기다렸다고 생각하지는 않았다. 작가가 된 뒤론 불후의 세계 명작을 써재끼게 될 날을 꿈꾸고 있다. 오래 기다릴 거라고 생각한다. 고등학생 때부터 락 음악과 일렉 기타에 경도되었고 마티 프리드먼처럼 기타를 치게 될 날을 꿈꿨다. 그건 20년째 꿈만 꾸고 있다. 가장 간절히 기다리는 건 먹고살 걱정을 하지 않아도 되는 날이다. 하는 짓이 너무 부끄러워 빨리 철이 들길 꿈꾸고 있지만 아마도 그 기다림은 끝이 없을 것 같다. 소설집 『이원식 씨의 타격 폼』, 장편소설 『말이 되냐』 『15번 진짜 안 와』 등이 있다.

이화경의 편지

호랑이는 죽어서 가죽을 남기고 사람은 죽어서 이름을 남긴다는데, 대저 이 세상에 남아로 태어나 반드시 이름을 얻어야 한다고들 하는데, 소 돼지나 풀뿌리만도 못한 자신이 이 세상에 태어나 할 수 있는 게 무엇인가를 생각해보았다.

김흑은 도적을 만나도 뺏길 게 없고, 등이 까지고 어깨가 짓무르도록 무거운 물품을 이고 질 필요가 없는 것, 누구도 빼앗아 갈 수 없는 그것을 지닌 채 살고 싶었다. 김흑은 모험과 사랑과 울분과 고통과 꿈을 맛나게 비벼 이 아득한 세계의 비의를 밝히는 재담꾼이 되고 싶었다. 이야기로 사람의 마음을 울리게도 하고 아프게도 하고 슬프게도 하고 웃기게도 하고 싶었다. 조선의 그 누구보다 이야기를 잘 파는 사람이 되고 싶었다.

그에게 글을 가르쳐준 이결 선생은 이야기꾼은 빈 데에 시렁을 쌓고 생각을 쌓아 올리고 뜻을 포개어 기이한 말을 지어내는 자이며, 무엇보다 사람의 마음을 표현하는 사람이라고 하셨다. 김흑은 버림받은 체험이야말로 생의 얼굴을 적나라하게 드러내 준다는 것을 알고 있었다. 버림받은 사람만이 다친 심성으로 생의 무섭고 사나운 얼굴을 들여다볼 수 있기 때문이었다. 하지만 김흑은 버림받는 게 나쁜 것만은 아니라는 것도 알고 있었다. 배고픈 사람만이 남의 허기를 알고, 병든 사람만이 남의 아픔을 헤아릴 줄 알고, 송장을 치워본 사람만이 썩어가는 냄새에도 두렵지 않은 무언가를 맡을 줄 알고, 이별해본 사람만이 톱날로 심장을 썰어버리는 듯한 통증이 어떠한 것인지를 알고 있을 거라고 믿었다.

사람의 마음을 아는 것은 저 바닥을 치는 힘에서 나온다는 것 또한 알고 있었다. 가진 게 없는 사람치고 빈 데에 시렁을 쌓고 생각을 쌓아 올리고 뜻을 포개는 짓을 하루에도 수십만 번 하지 않은 자가 있던가. 그러니 이제 길에서 만난 수많은 사람들이 꾸는 그 꿈에 담긴 이야기를 풀어내기만 하면 될 것 아닌가. 사람의 마음을 표현하는 것은 그저 마음을 헤아리면 될 터였다. 무엇보다 지금 김흑은 잃을 게 아무것도 없었다. 오직 현재, 지금 당장이 남아 있을 뿐이었다.

— 『꾼』 중에서 『꾼』, 뿔(웅진문학에디션), 2010

부디 고통과 슬픔의 생을 요긴하게 써주세요

바다을 치며 통곡하는 당신에게

　바다을 치며 통곡하는 당신을 만나고 돌아온 가을밤입니다. 생의 비극적인 얼굴을 정면으로 마주한 당신. 심장과 가장 가까웠던 사람을 떠나보내고, 꽃다발 대신 침을 뱉는 세상과 마주하면서 숨 쉴 힘조차 사라지고 있다는 끔찍한 무력감 속에서 하루하루를 보내는 당신은 생의 어두운 바다으로 가라앉고 있었습니다. 봄날의 우울과 여름날의 광기, 가을날의 신경쇠약과 겨울날의 침울한 고독만이 유일한 벗이라고 당신은 울면서 말했지요. 당신의 눈에선 상처로 인한 눈물이 진물처럼 흐르고 있었습니다. 생의 비상사태를 맞이하고 통곡하는 당신을 보면서 너무도 가슴이 아팠습니다.

　어쩌자고 슬픔과 고통 속에서 생은 그토록 무시무시하게 또렷해지는 걸까요. 어쩌면 우리의 생은 결함투성이고, 존재 자체가 불운한 감옥일지도 모르지요. 하지만 어쩌겠어요. 생의 환멸과 악덕과 부조리와 고통을 경험하지 않는 사람은 태어나자마자 죽어버린 갓난쟁이밖에 없는 걸요. 죽지 않는 한, 우리는 살아서 별별 추한 꼴을, 별별 짓거리를 다 봐야 합니다. 왜냐고요? 그게 바로 삶이니까요. 우리가 할 수 있는 건 생이란 결론이 아니라 하나의 과정이라는 걸 인정하는 것, 넘어진 곳에서 다시 일어서는 것과 새롭게 출발을 시도하는 것밖에 없잖아요. 불행은 실패가 아닌 하나의 시도였으며, 좌절은 경험의 한 측면이고, 불운은 행운과 똑같이 예측 불가능하므로, 그저 하루하루 매 순간에 배팅하는 수밖에요.

저는 믿습니다. 당신의 눈물로 껴안은 생의 고통과 슬픔이 타인을 향한 공감과 연민으로 확장되리라는 것을요. 바닥을 치던 당신의 길고 가녀린 열 손가락으로 바닥을 짚고 반드시 일어서리라는 걸요. 그러니, 부디 당신의 고통과 슬픔을 생에 요긴하게 써주세요.

이화경 올림

이화경

『세계의 문학』에 단편소설 「둥근잎나팔꽃」을 발표하며 등단했다. 소설집 『수화』 『화투 치는 고양이』, 장편소설 『꾼―이야기 하나로 세상을 희롱한 조선의 책 읽어주는 남자』 『나비를 태우는 강』, 인도 여행 에세이 『울지 마라, 눈물이 네 몸을 녹일 것이니』, 인문 에세이 『버지니아 울프와 밤을 새다』가 있고, 옮긴 책으로는 『그림자 개』 『조지아 오키프 그리고 스티글리츠』가 있다.

김이정의 편지

 제일 낯선 세상을 보고 싶었다고 하더라. 지금까지 자기가 살아오면서 한 번도 가본 적이 없고 앞으로도 그럴 것 같은 곳 말이다. 세상의 가장 눈 선 데가 어딘가 생각해보니 바다였더란다. 그것도 망망대해에서 자기가 일생을 지렁이처럼 기듯이 산 땅덩어리를 보고 싶었다더구나. 우주선을 타고 하늘로 올라갈 수는 없는 노릇이었으니까. 그래서 혼자 몰래 준비한 선원증을 얻어 갑판원으로 이 배 저 배를 타고 5년간 세상구경을 하고 왔단다. 태평양 인도양 대서양을 모두 돌았다더라. 일부러 낯설고 멀리 가는 배들만 골라 탔대. 다른 사람들이 기피하는 배를 타는 건 그중 수월했나 보더라. 정해진 휴가도 될 수 있으면 단축해서 5년 내내 물 위를 떠다니다시피 했단다. 그렇게 한 5년 떠돌고 나니까 가슴속에 바위처럼 뭉쳤던 것들이 뭐였는지 이젠 기억조차 나지 않더란다. 그 망망대해서 이 좁아빠진 땅덩어리를 보면 참 허망하기 짝이 없더란다. 사는 게 어이없기만 하고……. 죽는 날까지 그렇게 보내도 하나도 억울할 게 없을 것 같더란다. 나이

때문에 더 이상 탈 수가 없어 배에서 내리고도 부두에서 막일을 하며 바닷가에 붙어 있다가 작년에야 서울 근처로 왔나 보더라. 이젠 떠돌이 신세니 어딜 가도 바다나 다름없겠지.

　입고 있던 옷이라도 터진 건지 그가 내복 빛깔의 옷을 들고 바느질을 하는 모양이다. 실을 너무 길게 꿰었는지 손놀림이 크고 느리다. 한 땀 한 땀 떠가는 손길이 더없이 신중하고도 정성스럽다. 그의 시선과 바느질감이 한 몸이라도 이루듯 빈틈없이 몰두해 있다. 어떤 누구라도 그 사이로 비집고 들어갈 틈이 없어 보인다. 바느질 하나에도 저토록 자신의 전부를 던져 하나가 될 수 있다니. 나는 그의 바느질 모습을 넋을 잃고 바라본다. 어느덧 그에게 바느질은 책상 앞에 앉아 종일 꼼짝하지 않고 책을 읽던 모습이나 홀로 술을 마시던 모습들과 다를 바 없어 보인다. 그는 늘 홀로 있지만 정부와 틈 하나 없이 포개져 있는 사내처럼 충만해 보인다. 고독하지만 외로워보이진 않는다.

　　― 「그 남자의 방」 중에서　『그 남자의 방』, 자음과모음, 2010

이 땅의 '그 남자'들에게

**자신이 진짜 원하는 게 무엇인지도 모른 채
온갖 의무감으로 일생을 살아온 남자, 혹은 여자들에게**

　몇 년 전이었습니다. 내가 머물던 방 건너편 오피스텔 창으로 한 남자가 눈에 띄었습니다. 머리가 허연 남자는 종일 창가 책상에 앉아 있었습니다. 밥 먹는 시간 외에는 거의 움직이지도 않을 만큼 남자는 무언가에 몰두해 있었습니다. 멀리서도 묘한 긴장과 열기가 느껴지는 어깨 때문인지, 늘 혼자인 남자는 결코 외로워 보이지도 않았습니다. 언제부턴가 그를 훔쳐보던 내 호기심이 점점 커지더니 급기야 나는 그의 생을 상상하기 시작했습니다.

　아마도 그때부터였던 것 같습니다. 남자들의 삶이 눈에 들어오기 시작한 것이. 목을 졸라맨 넥타이와 각진 양복, 딱딱한 구두 속에 갇힌, 따분하기만 하던 생이 다시 보이기 시작했습니다. 권위주의와 고집불통의 속물로만 보였던 그들에게 갑자기 알싸한 연민이 생기기 시작했습니다. 다른 길을 생각할 겨를도 없이 앞사람의 등만 보고 달려왔지만 뒤늦게 그 모든 게 한낱 꿈이었음을 깨달을 수밖에 없는 장년의 남자들. 퍼즐 조각처럼 정해진 자리에만 붙박여 있는 그들을 잠시라도 풀어주고 싶었습니다.

　말총처럼 빳빳하던 검은 머리가 낡은 초가지붕처럼 힘없이 누울 때까지, 가족을 먹여 살려야 한다는 중압감 속에서 자신마저 잊고 살아온 남자들. 자신들이 엮인 조직을 벗어난다는 것에 죄책감과 패배감을 느낄 수밖에 없는 이 땅의 아버지, 오빠, 남동생 그리고 남편들. 그들을 잠시라도 자유롭게 해주고 싶었습니다.

　소설 속 남자는 어느 날 정년을 앞둔 은행을 그만두고 홀연히 가족들을 떠나 선원수첩 하나만 달랑 들고 외항선을 탑니다. 생전 처음, 어떤 의무감도 없는 바람과 햇빛을 받으며 갑판원으로 태평양, 인도양, 대서양으로 떠돌아다닙니다. 5년 넘게 물 위를 흘러 다니던 남자는 더 이상 배를 탈 수 없는 나이가 되자 돌아와 작은 오피스텔로 숨어듭니다. 남자는 이제 떠나지 않아도 더 이상 매이지 않습니다. 자신만의 방을 찾아냈기 때문입니다. 비록 작은 오피스텔에 불과하지만 더 이상은 어디에도 매이지 않을 수 있는 자유의 공간입니다. 아니 어쩌면 그곳은 남자가 만든 자신만의 선박인지도 모릅니다.

　소설을 마치던 날 밤이 떠오릅니다. 내 몸을 결박하고 있던 끈들이 갑자기 툭툭 끊어져 내리는 기분이었습니다. 그제야 나는 깨달았습니다. 남자를 풀어주고 싶었던 것은 결국 내 안의 욕망이었다는 것을. 남자는 곧 일상과 제도의 틀 속에 꽁꽁 갇힌 나이며 당신이며, 우리 모두였던 것입니다.

김이정 올림

김이정

1994년 문화일보 문예공모에 단편소설 「물 묻은 저녁 세상에 낮게 엎드려」로 등단했다. 소설집 『도둑게』 『그 남자의 방』, 장편소설 『길 위에서 중얼거리다』 『물속의 사막』이 있다.

 표명희의 편지

"이산가족이구나."
"정확하게 말하면 이산가족이 아니라 결손 가정이죠."
진아는 서령의 표현을 바로잡아 주었다.
"실은, 부모님이 오 년 전에 이혼했거든요. 그때 저더러 선택을 하라고 해서 아빠를 따라가겠다고 했어요. 엄마보다는 아빠한테 짐이 되는 게 공평하겠다 싶었거든요."
불편한 가정사를 스스럼없이 풀어놓는 당돌함, 그 속에 깃든 의외의 분별력이 서령의 호감을 샀다.
"스스로 택했던 공평한 생활을 왜 벗어나려는 거지?"
질문을 하고 나서야 서령은 아차, 싶었다. 까다로운 면접관 같은 어조였던 것이다.
"새엄마가 들어오면서 생각이 바뀌었어요. 내가 아빠의 새로운 인생에 걸림돌은 아닌가, 하는 생각이 들었어요. 처음엔 걸림돌이 좀 돼서 공평한 삶을 만들고 싶었는데, 생각해 보니 그것도 별로 공평한 게 아니더라고요. 내가 독립하는 게 가장 공평한 일이겠다 싶었죠."

 공평함을 삶의 중요한 잣대로 삼고 있는 이십 대의 말을 서령은 듣고만 있었다. 자신이 개입할 계제가 아니었다. 자신의 이십 대에는 부모의 이혼도 영화사 인턴십이란 것도, 현장 체험을 위한 휴학도 상상할 수 없었다. 부모의 그늘을 떨치고 나갈 생각 같은 건 할 수도 없고 뛰어들 장(場)도 없었다. 그러니 젊음에게 하는 기성세대의 조언이란 가당찮은 것인지도 몰랐다. 스스로 향수에 젖어 효력 상실한 낡은 정보를 조언이라고 착각하는 것인지도…….

 서령은 눈앞의 현실을 직시하기로 했다. 갓 스무 살을 넘긴 신세대와의 한집살이. 이 자신만만한 젊음과 한 지붕 아래서 잘 살아갈 수 있을까. 젊음에 주눅 들지 않고 주인으로서의 특권 따윈 내세우는 일 없이 자연스럽게, 그리고 서로에게 방해받지 않으며 독립적으로……. 하기야 이런 생각도 지금으로서는 사치에 지나지 않아 보였다. 당면한 현실적 문제와는 별개로 서령은 이미 당돌하고도 솔직한 이십 대에 깊이 끌리고 있는 자신을 느꼈다. 젊음이란 그 자체만으로도 강렬한 유혹이자 힘이었다. 또한 그것은 서령 자신이 더 이상 젊지 않다는 씁쓸한 진실을 일깨우는 것이기도 했다.

 (중략)

 죽음이 상실의 고통으로만 채워지는 게 아니라는 것을 서령은 아버지의 임종을 지켜보면서 알았다. 질긴 인연의 고리에서 풀려나는 해방감이 슬픔 뒤에 위안처럼 따랐다. 죽음에도 타이밍이 있다면 아버지는 아주 적절한 때에 세상을 하직하는 것처럼 보였다. 그 부재가,

남은 가족에게 슬픔과 해방을 동시에 안겨주는 순간이 사별의 적기(適期)로 보였다. 어느 한쪽이 더 크거나 모자라면 그 죽음은 너무 빠르거나 너무 늦은 것이다. 다른 형제들은 어땠을지 모르지만 서령에게는 그랬다. 슬픔, 꼭 그만큼의 해방감이 따랐다. 부모란 인연의 끈을 놓는 마지막 순간까지 자식에게 베풀고 떠나는 존재였다. 안녕 자식들아, 이제 내가 너희를 자유케 하리라. 처음엔 슬픔에 겨워, 나중에는 아버지의 마지막 선물에 감동해 서령은 장례식장에서 오래 눈물을 흘렸다.

— 「피아노와 찌루」 중에서 『하우스메이트』, 자음과모음, 2011

하우스푸어 시대의 자화상 하나

자발적 혹은 비자발적 나홀로족에게

우리나라 가구 수의 25퍼센트, 즉 네 가구에 한 집 꼴로 독거인 가구라지요. 늦은 결혼에다 비(非)혼과 이혼이 늘어나고 수명이 길어지면서 나홀로족이 많아진 결과랍니다. 그러니까 당신이 만약 복도형 아파트에 산다면, 긴 복도를 걸어가다 두어 집 지나고 난 다음 집은 혼자 사는 이웃일 확률이 높습니다. 당신이 문을 두드리면 그 집 주인은 놀라며 당신을 '경계'하거나 아니면 '아주

반가워하거나' 둘 중 하나일 겁니다. 그들은 으레 타인의 존재에 서툴고 예민하게 반응하지요.

　원하든 원치 않든 살면서 누구나 한 번쯤은 독거인 시기를 겪습니다. 당신이 지금 가정이라는 튼튼한 울타리 안에 몸담고 있을지라도 말입니다. 세상의 모든 가족은 한시적 동거인이니까요. 우리가 이 지구라는 별의 임시 탑승자인 것처럼.

　나홀로족도 마찬가지지요. 아무리 자발적인 경우라도 하우스 푸어 시대에는 그 생활을 접어야 할 형편에 처하기도 합니다. 경제적 위기에 내몰린 이 소설 속 주인공처럼 말입니다. 피할 수 없을 때는 즐기는 게 최선의 방어책. 그럴 땐 하우스메이트를 한번 만들어보세요. 혼자 나선 여행에서 우연히 만난 길동무와 동행하듯 말입니다. 나의 또 다른 자아를 바라보듯 스스로의 여정을 되돌아볼 수도, 공유 생활에 대한 적응력을 기를 수도 있지 않을까요.

　세상을 살아가는 건 관계의 '헤쳐, 모이기'의 무수한 반복이죠. 오늘 혹은 미래의 나홀로족인 당신, 외로움이 더 이상 힘이 되지 않을 때, 외로움에조차 무감각해졌을 때, 그 불감증을 치유하기 위해서라도 관계의 방식에 새로운 바람을 불어넣어 보세요. 낯선 땅에 발을 들여놓는 여행자의 마음으로…….

표명희 올림

표명희

2001년 제4회 『창작과비평』 신인문학상 소설 부문에 단편소설 「야경」이 당선되면서 작품 활동을 시작했다. 소설집 『3번 출구』, 『하우스메이트』, 장편소설 『오프로드 다이어리』, 『황금광 시대』 등이 있다.

조혁신의 편지

　상국은 농로를 빠져나와 경인운하 공사가 한창인 둑실동 언덕길을 올랐다. 몸이 무거웠다. 깨문 혀에서 하염없이 흘러내린 피가 추리닝 윗도리를 무겁게 적시고 있었던 탓이다. 어느새 하늘에는 파란 여명이 번지고 있었다. 운하 공사를 하기 위해 깊게 파헤친 흉물스런 수로가 모습을 드러냈다. 장마철을 넘겨선지 수로에는 물이 가득 불어 올라 있었다. 상국은 갑자기 두 다리가 가벼워지는 걸 느꼈다. 자전거가 언덕 정상을 올라 내리막길로 접어들고 있었기 때문이었다. 언덕 정상부터 화공인지 수공인지 하는 수자원공사 운하사업소가 있는 곳까지 오백 미터의 내리막길이었다. 그는 자전거에 몸을 실은 채 활강하듯 언덕길을 내려갔다. 이미 기운을 모두 소진한 그는 자전거를 타고 달려 내려가는 것이 아닌 불가항력 자전거에 몸이 실려 떠밀려 가는 것이나 다름없었다. 상국은 눈앞이 자꾸 흐릿해지자 끔벅거리며 두 눈을 크게 뜨려고 했다. 하지만 계속 졸음이 쏟아졌다. 잡목 가지에 얼굴이 쓸렸는데도 잠은 달아나지 않았다.

순간 자전거는 과속방지턱에 부딪혔고 그는 영화 〈이티〉의 주인공처럼 자전거에 몸을 실은 채 허공으로 높이 치솟았다. 아스팔트 바닥으로 곤두박질쳤을 때 상국은 아무런 고통을 못 느꼈다. 허공으로 솟구친 순간 상국은 밀려오는 잠을 뿌리칠 수 없었다. 그의 입가에는 비시시 웃음이 서려 있었으나 그것이 잠에 취한 평온한 웃음이었는지 아니면 허탈과 절망이 어린 쓴웃음이었는지를 대답해줘야 할 상국 자신은 이미 돌이킬 수 없는 깊은 잠의 심연 속으로 빠져들고 있었다. 자전거 바퀴가 여명을 받아 은빛으로 빛났다. 바퀴가 재깍재깍 쇳소리를 내며 허공을 돌 때마다 상국의 입술이 흐리마리하게 움찔거렸다. 그러고는 자전거 바퀴의 헛된 회전이 멈추자 그의 입가의 웃음도 침묵처럼 굳어져 버렸다.

— 「달려라 자전거」 중에서 『삼류가 간다』, 삶창, 2010

날 버린 세상을 향해 달려갑니다

바람처럼 내달리고 싶은 사람들에게

외롭고 쓸쓸할 때, 바람처럼 달리고 싶을 때가 있었습니다. 도시에서 사람들과 짐짝처럼 부대끼며 살다가 어느 날 홀연히 강화도 산기슭 마을로 이사를 갔었지요. 아마 그때는 내 인생에서 가장 힘겨운 시기가 아니었나 싶습니다. 지치고 고독했지요.

　그런데 시골 산기슭에서 첫날 밤을 보내고 맞이하는 아침, 햇살은 눈부시게 따뜻했고 바람에 실린 공기는 꿀처럼 달콤했습니다. 나는 자전거를 타고 강화의 논길을 달렸습니다. 모내기를 끝낸 들판에는 초록색 벼들이 아득하게 물결치고 있었지요. 해가 질 무렵까지 나는 미로 같은 농로와 해안도로를 달렸습니다. 고인돌을 만나기도 하고 들꽃들과 살을 스치고 지나가기도 했지요.

　어느새 자전거는 외로움을 달래주는 친구가 되었던 겁니다. 나는 아이처럼 자전거를 사랑했고 자전거를 내 아이인 양 매일 보듬고 목욕을 시켜주었답니다. 지금도 나는 외롭습니다. 고독의 심연 속에 빠진 돌멩이처럼 합판으로 벽을 치고 슬레이트 지붕을 올린 천장이 낮고 좁은 옥탑방에서 혼자 살고 있습니다. 하지만 여전히 자전거는 내 옆에서 나를 지켜봐 주고 있습니다. '자, 외로움의 껍질을 깨고 들판을 향해 바람을 마주하며 달려가라'고 말이지요.

조혁신 올림

조혁신
2000년 계간 『작가들』로 작품 활동을 시작했으며 소설집 『뒤집기 한판』, 『삼류가 간다』가 있다. 전국언론노동조합 인천일보 지부장을 맡으며 언론 노동운동을 했다.

최용탁의 편지

　열여덟이 되도록 끝년이가 산골짝을 나서 바깥 구경을 한 것은 고작 서너 번이나 될까, 꿈에 떡 맛을 보아도 그보다는 자주 보았을 터였다. 두어 번은 장에 가는 엄마를 따라, 또 두 번은 서울 가는 언니 배웅을 하겠다고 우겨서 칠십 리 떨어진 소읍에 나가본 게 다였다.

　겨울이면 더께가 앉은 손등이 터져 딱지가 앉고 딱지가 갈라져 피가 터졌지만 조석을 끓일 땔나무도 빠듯하니, 이듬해 계곡물에 묵은 때를 보낼 때까지 개용할 물 한 바가지 끓이기가 어려웠다. 어떻게 된 집안이 서 발 장대를 휘둘러도 걸리는 푸네기 하나 없는 천애의 외로운 신세라 명절이라도 오는 이 없고 갈 곳도 없었다. 동네하고도 외딸아서 늑대가 물어간대도 석 삼일 안에 전갈이 가기가 어려울 지경이었다. 그런 곳에서 사람 꼴을 하고 있어야 누가 돌아볼 것도 아니어서 자연스레 자연과 하나가 되어 간혹 마주치는 들짐승이 저와 같은 과(科)려니 하고 스쳐 지나갈 만치 끝년이는 반인반수 비스름하게 살았다.

끝년이가 그 지긋지긋한 곳을 떠나게 된 것은 결국 엄마의 죽음으로 더 이상 어찌해 볼 도리가 없게 되어서였다. 노상 머리가 아프다며 뇌신을 달고 살던 엄마는 끝년이 열아홉이던 어느 초겨울 아침에 일어나지 않았다. 먼 이웃들이 손을 내어 아버지 곁에 합장을 하고 달구질을 끝내고 내려오도록 서울로 간 언니들은 오지 않았다.

— 「봉선댁」 중에서 「즐거운 읍내」, 삶창, 2010

딸과 친구들에게

문학에 관심이 있고 작가를 꿈꾸는 학생들에게

고등학교 2학년이 된 너희들의 하루하루가 얼마나 힘들지 짐작해보는 것만으로도 마음이 아프구나. 작년 겨울이었지? 다들 문예반이라고, 친구 아빠가 쓴 소설을 읽었다고 네 명이 찾아왔더구나. 나는 속으로 좀 뜨끔했단다. 책 내용 중에 너희들이 읽기에는 좀 낯 뜨거운 성애 장면이 여러 군데 있어서였지.

작가를 꿈꾸는 너희들에게 내가 고등학교 시절에 문학 공부했던 이야기를 들려주며 꽤 즐거운 시간을 보냈지. 그리고 너희는 위에 예를 든 대목에 너무 어려운 말들이 많이 나온다고 했지. 내게는 충격적이게도, 우리나라 문장이 아닌 것 같다는 말도 누군가가 했었지.

  그래, 저 대목의 배경은 1960년대 말쯤의 산골이고 지금은 잘 쓰지 않는 단어들이 많단다. 하지만 작가를 꿈꾸는 사람이라면 꼭 알아야 할 아름다운 우리말이기도 해. 작가는 한 시대와 사회를 그리는 사람인데, 시대란 우리가 사는 오늘 2010년대뿐 아니라, 거의 한 사람의 일생을 아우르는 100년 정도를 당대라고 생각해야 한단다. 그래야 자기가 사는 시대를 역사 속에서 바라볼 수가 있는 거지.

  불과 3~40년 전에 널리 쓰였던 우리말을 과거의 말이라고 소홀히 해서는 안 돼. 우리말을 더 깊이 사랑하고 역사에 대한 관심을 갖길 바라며, 우리 예비 작가들을 열심히 응원하마.

최용탁 올림

최용탁

2006년 전태일문학상을 수상하며 등단했다. 소설집 『미궁의 눈』, 장편소설 『즐거운 읍내』, 산문집 『사시사철』, 평전 『역사를 딛고 선 고무신-계훈제』, 어린이책 『이상한 동화』 등이 있다. 현재 충주에서 농사를 지으며 창작 활동을 하고 있으며 '리얼리스트100' 회원이다.

최제훈의 편지

"잠이 안 와?"

그녀의 손이 티셔츠 속으로 파고들어 등허리를 부드럽게 어루만졌다. M은 벌써 두 시간 넘게 뒤척이고 있었다. 비틀걸음으로 돌아올 때만 해도 베개에 머리 붙이자마자 곯아떨어질 것 같았는데, 밤이 깊어갈수록 정신은 더 말똥말똥해졌다.

"미안. 간만에 마셔서 그런가, 알코올이 여기저기 들쑤시고 다니며 파티를 여는 모양이네."

그녀의 손가락 하나가 컴퍼스 바늘처럼 M의 등판 한가운데를 콕 찍었다. 손가락이 나선을 그리며 천천히 퍼져나갔다. 등을 가득 채운 원은 다시 중심을 향해 소용돌이치며 빨려들었다.

"과녁을 그리는 거야?"

"아니, 태엽."

점점 커졌다가 점점 작아졌다가, M의 등에 수많은 나선이 그려졌다.

"잠이 안 오면 내가 이야기 하나 해줄까?"

"이야기? 무슨 이야기?"

"폐쇄된 미로에 빠진 남자 이야기."

"저런, 어쩌다 그랬대?"

"듣고 싶어?"

"응."

"좀 긴데."

"오늘 밤보다?"

"어쩌면."

"내 남은 인생보다 길지는 않겠지?"

"어쩌면 더."

"괜찮아, 난 윤회를 믿으니까."

어둠 속에서 그녀가 배시시 웃었다.

"다행이네."

그녀는 M의 팔을 끌어다 팔베개를 했다. 부드러운 곱슬머리가 그의 뺨을 간질였다. M의 심장에 대고 속삭이듯, 그녀는 이야기를 시작했다.

— 『일곱 개의 고양이 눈』 중에서 『일곱 개의 고양이 눈』, 자음과모음, 2011

엉뚱한 상상

세상의 시간에 지친 당신에게

왕은 왜 잠을 자지 않을까?

오래전 『아라비안 나이트』를 읽다가 문득 떠오른 의문이었습니다. 왕은 밤새도록 세헤라자데의 이야기를 듣고 낮에는 열심히 정무를 보는 것으로 나옵니다. 밤이 되면 다시 침실로 돌아와 세헤라자데의 이야기에 귀를 기울이고. 사람이 잠을 안 자면 죽을 텐데…….

우리가 세헤라자데의 정체를 잘못 알고 있는 게 아닐까? 자신의 목숨을 부지하기 위해 밤마다 이야기를 이어가는, 그래서 작가의 운명에 대한 메타포로 빈번히 언급되는 그녀는, 실은 자객이 아니었을까? 도저히 끊을 수 없는 이야기로 듣는 이의 잠을 방해하여 죽음에 이르게 하는 자객. 이야기로 표적을 제거하다니, 그야말로 아름답고 완벽한 자객이 아닌가.

소설 『일곱 개의 고양이 눈』은 이런 엉뚱한 상상에서 출발했습니다.

사전에서 '엉뚱하다'라는 단어를 찾아보니 이런 의미가 나오더군요. '상식적으로 생각하는 것과 전혀 다르다. 사람, 물건, 일 따위가 현재 일과 관계가 없다.' 언뜻 '쓸모없다'라는 단어가 떠오릅니다. 하지만 엉뚱한 건 쓸모없는 게 아닙니다.

점점 눈앞의 유용성만 따지는 세태, 그 빡빡한 세상의 시간을 따라잡기 위해 우리 머릿속 톱니바퀴들은 쉬지 않고 맞물려 돌아갑니다. 가끔은 시곗바늘을 멈춰놓고 엉뚱한 상상을 해보는 건 어떨까요. 꼭 무엇과 연결되지 않아도 좋습니다. 상식과 다른, 현재의 일과 무관하게 불쑥 튀어나오는 잡념. 바로 거기에 당신만의 고유성이 담겨 있을 테니까요. 잠깐의 휴식과 함께 오래전 책갈피에 끼워놓고 잊어버린 흑백사진 한 장을 꺼내 보여줄 테니까요. 그 사진 속에서 당신은 해맑게 웃고 있지 않을까요?

최제훈 올림

최제훈
2007년 『문학과 사회』 신인문학상을 수상하며 작품 활동을 시작했다. 소설집 『퀴르발 남작의 성』, 장편소설 『일곱 개의 고양이 눈』이 있다. 한국일보문학상을 수상했다.

김남일의 편지

　디지털에는 치명적인 약점이 존재한다. 예컨대 그것은 0과 1 사이에 무엇이 있는지는 물론이거니와, 0과 1 바깥에 무엇이 있는지도 아예 묻지도 따지지도 않는다. 사람들은 이미 집과 회사의 유리창을 통해서가 아니라 빌 게이츠가 만든 운영체제 MS 윈도우를 통해 세상을 보고 느끼고 해석한다. 그렇게 새 세상을 연 디지털의 천재들은 0과 1의 비트만으로도 모든 것을 다 표현하고 드러낼 수 있는데 굳이 다른 무엇이 더 필요하냐고 자신 있게 대답한다. 그런가, 정말? 그들이 0과 1의 2진법만으로 만유를 다 옮겨 담을 수 있을까. 가령 벌써 까마득한 세월이 흘렀는데도 여전히 가슴속에 남아 시도 때도 없이 짙은 그리움을 향해 수채화 물감처럼 번지는 북조선 토끼 신애란과의 추억 같은 것은? 천만에! 차상문은 설사 0과 1이 제아무리 근사하게 그 추억을 합성해낸다고 하더라도, 단연코 거부하리라 마음먹었다. 도대체 빈틈 하나 없이 꽉꽉 채워진 추억을 어찌 추억이라 부를 수 있단 말인가! 나아가 어머니는? 어머니를, 그리고 어머니가 끌고 온 저

끔찍한 세월을, 색채도 질량도 냄새도 부피도 없고, 마침내는 대상에 대한 최소한의 예의마저 없는 0과 1로 어찌 조립해낼 수 있단 말인가.

— 『천재토끼 차상문』 중에서 『천재토끼 차상문』, 문학동네, 2010

토끼가 우리 곁에서 영영 사라지기 전에 했던 말

토끼를 기억하지 못하는 독자들에게

바빠 죽겠는데 웬 토끼? 하고 짜증부터 내실지 모르겠습니다. 미안합니다. 그래도 염치 불구하고 그 토끼, 드라마 〈시크릿가든〉에서 현빈이 꺼내든 책 표지에 나왔던, 항간에서는 천재토끼니 뭐니 하지만 실제로는 그다지 똑똑하지도 못했던 그 토끼가 우리 곁에서 영영 사라지기 전에 했던 말을 전해드리고 싶었습니다.

그 토끼는 0과 1 '사이'에 무엇이, 그것도 꽤 중요한 무엇이 있을 거라는 믿음을 결코 버리지 못했습니다. 그러니 핑핑 돌아가는 세상을 이해할 수 없었던 건 당연하지요.

하지만 여러분, 어느 날 갑자기 0에서 1까지의 거리가 한없이 멀게 느껴진다면, 그리하여 이제껏 너무나 당연하다고 여겼던 믿음에 대해 돌연 어떤 의구심이 인다면, 그때 그 토끼, 상대적으로 긴 왼발을 절뚝거리면서 우리 곁에서 사라졌던 그 토끼를 다시 한 번만 떠올려보시기 바랍니다.

김남일 올림

김남일
1983년 『우리 세대의 문학』에 단편소설 「배리」를 발표하며 작품 활동을 시작했다. 소설집 『일과 밥과 자유』 『천하무적』 『세상의 어떤 아침』 『산을 내려가는 법』, 장편소설 『청년일기』 『국경』, 청소년 소설 『모래도시의 비밀』 『골목이여, 안녕』, 인물 평전 『안병무 평전』, 산문집 『책』 등을 펴냈다. 민족문학작가회의 사무국장, 계간 『실천문학』의 주간으로 일했다. 전태일문학상, 아름다운작가상을 수상했다.

 조두진의 편지

 "집으로 돌아오는 길에 우리는 길섶에 앉아 그 아래로 흐르는 개울을 바라보았습니다. 그분이 불현듯 말씀하셨지요. 아무리 궁벽한 지경에 이를지라도 책을 내다 팔지는 않을 것이며, 추운 날들이 이어진다고 해도 꽃나무를 때지는 않을 것이라고 말입니다. 내가 한 사람의 어깨에 머리를 기댔던 것은 그때가 처음이었습니다.
 어두웠지만 달빛 아래 하얀 길이 드러나 걷기에 불편함이 없었습니다. 달 아래 하얀 길을 걸으며 그분은 내 손을 꼬옥 잡으셨지요. 달빛은 참 좋은 것입니다. 달은 우리 두 사람이 걷는 길을 밝혀줄 만큼 밝았지만 누구도 손을 맞잡은 우리를 볼 수 없을 만큼 어두웠지요. 그러니 그날 밤 세상에는 우리 두 사람만 있었습니다. 그분이 힘주어 잡아주신 그 손가락 하나하나에서 나는 결코 허물어지지 않을 믿음과 따뜻함을 알았습니다.
 내 손에는 그날 달빛 아래에서 그분의 손이 새긴 자국과 온기가 남아 있습니다. 달 아래를 조용히 걸었을 뿐, 어떤 말도 하시지 않았습니다. 그러나 나는 그 손길에서 만 가지 이야기를 들었습니다. 나는 그날 밤 맞잡은 손으로 그날까지 내 손에 어정쩡하게 들려 있던 만 가지 불행을 내려놓았습니다. 지금도 내 손에는 그날 그분이 내 손을 꼬옥 잡았을 때 전해지던 온기와 감촉이 남아 있습니다.

  선다님, 아시는지요? 여자를 기다리게 하는 것은 비 개인 뒤에 뜨는 무지개가 아닙니다. 윤기 나는 입들이 늘어놓는 백 가지 약속이야 어찌되어도 무관합니다. 내 손을 꼬옥 잡아주던 감촉, 그 손을 타고 전해지던 온기, 나는 그날 밤 마주 잡았던 손의 온기로 지금 살아가는 것입니다."

— 『몽혼』 중에서 『몽혼』, 휴먼앤북스, 2009

시인이었으되 아내로 살기를 강요당했던 여인, 이옥봉

직장을 가진 주부들에게

  지도 제작자 김정호를 생각할 때마다 나는 얼굴도, 이름도 모르는 그의 아내에 대해 생각합니다. 사실은 그에게 아내가 있었는지 없었는지도 모르겠습니다. 그의 일생 혹은 업적을 다룬 여러 이야기책에 그의 아내에 대한 이야기는 없으니까요.

천재였던 김정호는 평범한 자기 아내가 결코 볼 수 없는 세상을 보았습니다. 그래서 그는 산과 들을 걷고, 강을 건너며 지도를 그렸습니다. 산 너머 먼 곳을 보았던 김정호에게 눈앞의 일상은 사소해서 눈에 들어오지 않았습니다. 그의 눈은 늘 먼 데를 향하고 있었기에 가까운 집 안을 볼 수는 없었습니다.

그러나 해 뜨면 밭으로 나가고, 해 지면 집으로 돌아와 따뜻한 저녁밥을 먹는 것이 소원인 아내에게 남편의 지도 제작은 이해할 수 없는 일이었을 겁니다. 그녀에게 남편 김정호가 하는 일은 아무짝에도 쓸모없는 짓이었을지도 모릅니다. 그녀는 해 지는 저녁 고샅을 내다보며 남편이 돌아오기를 기다렸습니다. 남편이 더 이상 지도 따위를 그리느라 바깥으로 도는 대신, 아침 일찍 일어나 밭을 갈고, 씨를 뿌리고, 가족들과 둘러앉아 따뜻한 저녁밥을 먹길 바랐을 것입니다. 하지만 김정호는 집으로 돌아오지 않았습니다. 김정호의 아내는 불행했을 것입니다.

만약 김정호가 아내의 호소를 이기지 못해 집에 머물기로 했다면 어땠을까요. 당연히 지도는 탄생하지 못했겠지요. 아니, 지도 따위야 어떤들 어떻겠습니까. 김정호는 자신의 눈에 선하게 보이는 것을 외면해야 했겠지요. 하여 결코 자신에게 어울리지 않는 공간에 머물러야 했겠지요.

소설 『몽혼』은 천재적 재능과 일상 사이에서 불행했던 한 여인의 실제 이야기입니다. 조선 선조 때 사람 이옥봉은 시(詩)에 천재적 재능을 가진 여성이었습니다. 그러나 고위 관리였던 그녀의 남편 조기원은 그녀가 아녀자로 살기를 바랐습니다. 남편은 아내의 목소리가 문지방을 넘고 담을 넘어, 저잣거리로 돌아다니는 것을 용납하지 않았습니다. 그녀의 시가 선비들 사이에서 읊어지는 것을 원치 않았던 것이지요.

조기원은 아내 이옥봉이 붓과 벼루를 옆에 두고 시를 쓰는 대신, 평범한 당시의 여자들처럼 거울 앞에 앉아 화장하기를 바랐습니다. 시를 쓸 생각이면 차라리 집을 나가라며 쫓아내기도 했습니다.

아내 옥봉은 '거울'에는 관심이 없었습니다. 그녀의 눈은 눈앞의 거울이 아니라 먼 데를 보았고, 그녀의 손은 머리카락을 당겨 이마의 주름을 펴는 대신 붓을 잡고 시를 썼습니다. 남편 조기원(조선의 일상)과 아내 이옥봉(일상을 벗어난 시인)은 불화했고, 결국 이옥봉은 자살로 인생을 마감합니다. 사랑과 시, 둘 중 어느 하나도 포기할 수 없었던 옥봉은 끝내 목숨을 버렸습니다.

시인과 일상인의 불화는 이옥봉 이전에도 있었고, 이후에도 여전히 존재합니다. 많은 사람들이 이상과 현실 사이에서 고통스러워합니다.

시인과 일상인은 양쪽 모두 옳습니다. 나는 『몽혼』을 통해 양쪽 모두 옳기에 둘 중 하나가 사멸할 수 없는 쓰라린 현실에 관해, 둘 모두 옳기에 불화할 수밖에 없는 역설에 관해 이야기하고 싶었습니다.

시인은 바람을 따라 흐르는 모래이고, 일상인은 그 모래밭에

뿌리를 내려야 하는 풀입니다. 모래는 끊임없이 흐름으로써 불모라는 모래의 정체성을 유지합니다. 풀은 정착해서 뿌리를 내려야 비로소 존재할 수 있습니다. 소설『몽혼』은 한자리에서 만난 풀과 모래에 관한 이야기입니다.

  화해할 수 없는 가치의 양립, 결코 악수할 수 없는 현실과 동숙해야 하는 것이 우리의 인생인지도 모릅니다. 이상과 일상 사이에서 어정쩡하게 서 있는 분들께 소설『몽혼』을 권합니다. 어쩌면 그렇게 어정쩡하게 사는 것이 우리 삶의 본질인지도 모르겠습니다. 갈수록 그런 생각을 자주 하게 됩니다.

조두진 올림

조두진
소설집『마라토너의 흡연』『진실한 고백』, 장편소설『능소화』『유이화』『아버지의 오토바이』『북성로의 밤』 등이 있다. 단편소설 「게임」으로 근로자문학제 대통령상, 장편소설 『도모유키』로 한겨레문학상을 수상했다.

 한창훈의 편지

　나는 진숙이의 손을 잡았다. 부드럽고 따뜻한 감촉이 작년 봄에 만져봤을 때와 같았다. 그때를 생각하면 그녀의 손목에 담뱃불을 지진다는 것은 상상도 못 할 일이었다. 그런데 세상은 이렇게 상상도 못할 일들이 계속 일어나고 있었다. 내가 머뭇거리자 그녀가 재촉했다. 나는 친척의 손가락을 부러뜨려준 군인처럼 충동적으로 담뱃불을 눌렀다. 진숙이는 순간 움찔하며 힘주어 내 손아귀를 그러쥐었다. 파란 핏줄이 도드라졌다.
　"불이 꺼질 때까지 그냥 있어야 돼."
　내가 말했다. 연기가 났고 살이 타들어 갔고 타는 냄새도 났다. 그러나 그녀는 눈을 꾹 감고 불이 꺼질 때까지 자세를 유지했다. 내가 할 때는 몰랐는데 시간이 제법 걸리는 것 같았다. 불이 꺼지고 필터를 떼어내자 손목에 붉게 탄 자국이 생겼다. 나는 거기에 소주를 발라주었다. 그녀는 숨을 몰아쉬며 한동안 감고 있던 눈을 떴다.
　"너도 이렇게 했어?"

나는 고개를 끄덕였다. 이제 진숙이의 담배빵 자국은 영원히 사라지지 않을 것이다.

'사람이라면 절대 해서는 안 되는 게 있다. 그것은 죽을 때까지 사라지지 않는 상처를 다른 사람에게 주는 것이다.'

생물교사가 했던 말이다. 그의 말대로라면 사령관이 우리에게 하고 있듯, 나도 진숙이에게 영원히 사라지지 않을 상처를 준 셈이었다. 나중에 진숙이가 자신의 팔목을 들여다보며 후회를 하게 될지 아닐지는 알 수 없었다. 그녀도 짐작하지 못할 것이다. 우리는 다시 술을 마셨다. 밤이 깊어갈수록 총소리는 더욱더 심해졌다.

"사람이 죽으면 어딘가로 간다잖아. 영기는 어디로 갔을까."

— 『꽃의 나라』 중에서 『꽃의 나라』, 문학동네, 2011

행복의 조건

같은 땅, 같은 시간대를 살고 있는 당신에게

'오랫동안 담아둔 이야기가 있소. 이제 하려니 참으로 좆같소. (소설의 옷을 입게 되겠지만) 말하고 싶지 않다, 했던 개인사가 조금이라도 드러나기 때문에 더욱 그렇소……. 나는 희망이라는 말을 째려보는 편이오. 무기력해서 믿지 않소. 그것은 색이 바랜, 한 번도 지키지 않은 생활 계획표 같은 것이요. 내가 믿는 것은 미움이오. 미움의 힘이요. 우리가 이렇게 앓고 있는 이유는 사랑하지 않아서 생긴 문제보다, 미워해야 할 것을 분명하게 미워하지 않아서 생긴 게 더 크기 때문이오. 지랄 같소? 맞소, 지랄 같을 거요…….'

  편지를 어떻게 쓸까 고민하다가, 이 장편을 연재할 때 썼던 〈연재를 시작하며〉보다 더 솔직하고 분명한 게 따로 없을 것 같아 조금 인용합니다. 작가란 평생 동안 한 번은 꼭 써야 할 것이 있기 마련인데, 제 경우는 이 소설이 그랬습니다. 쉽게 시작할 수도 없고 그렇다고 뇌리에서 한시도 떠나지 않는 그런 이야기 말입니다.

  우리는 편지의 끝에 늘 행복하시라는 말을 합니다. 대한민국에서 행복해지기 위해서는 무엇이 필요할까요. 여전히 저는 '미움'입니다. 미워할 것을 분명하게 미워하는 것. 그게 없으면 우리가 아는 행복이란 그저 입에 살짝 발라놓은 설탕 가루 같은 것이 되겠지요.

  당신께 깊고 푸른 바다를 보냅니다.

한창훈 올림

한창훈

소설집 『바다가 아름다운 이유』 『가던 새 본다』 『세상의 끝으로 간 사람』 『청춘가를 불러요』 『나는 여기가 좋다』, 장편소설 『홍합』 『섬, 나는 세상 끝을 산다』 『열여섯의 섬』 『꽃의 나라』, 산문집 『한창훈의 향연』 『인생이 허기질 때 바다로 가라-내 밥상 위의 자산어보』, 어린이책 『검은 섬의 전설』 『제주선비 구사일생 표류기』, 기행집 『바다도 가끔은 섬의 그림자를 들여다본다』 『깊고 푸른 바다를 보았지』(공저)가 있다. 한겨레문학상, 요산문학상, 허균문학작가상 등을 받았다.

 구효서의 편지

　길게 휘몰아치던 하프시코드가 문득 정지한다 싶게, 소리 끝을 여운에 넘겼다. 비로소 정지했으나 순화된 공기의 결을 타고 한동안 찰랑거렸다. 여음이 사라지기 전 어느새 2악장 아페투오소가 나른한 봄 들판을 가로질러 왔다. 힌터마이어의 판타지아였다.

　숨 가빴던 1악장 후반부 독주가, 전원의 봄볕 같은 2악장 도입부에 의해 시나브로 발전되며 완성되는 순간이었다. 힌터마이어의 숨결과 특징이 고스란히 밴 율조. 아이블링거의 악장 분배는 탁월했다. 이어 붙이고 끊는 감각이, 각기 다른 두 사람의 곡을 서로 적응시키고 통합하는 데 아무런 무리가 없도록 했다. 특징들은 오히려 조응했고, 효과는 배가되었다.

　초반부터 경쾌하게 터져 나오는 3악장, 다시 알레그로. 1악장의 생기와 2악장의 봄볕이 어우러지며 완숙한 봄의 정경을 눈앞에 쏟아냈다. 아직은 여려 수줍지만 제 모양을 갖춘 신록이, 봄 햇살을 투과하며 바람에 나부꼈다. 조심스러우면서도 활기찬 만물의 약동. 멈칫거리던 걸음이 빨라졌고 세찬 바람은 훈기에 흩어졌으며, 어색하고 두렵던 생명의 움직임들이 어느덧 되돌아온 산들바람으로 신명을 찾기 시작했다.

끝없이 새롭게 음을 환기하는 힌터마이어의 파격, 상투적 세련미를 거스르는 일탈, 규범을 비웃는 과감한 충격이, 만장한 청중을 어렵지 않게 일깨웠고 동화시켰다. 아이블링거도 놀랄 일이었다. 예상하지 않았던 바는 아니었으나 그토록 빠르게 호응할 줄은 그도 몰랐다. 아이블링거는 더 이상 지휘자가 아니었다. 등 뒤로 느껴지는 관중의 열기, 그들의 부름과 호소에 반응해 힘껏 춤출 뿐이었다.

3악장은 도취와 흥분 속에 흘렀다. 만들고 지휘하고 연주하고 듣는 사람 구별 없이, 때론 함께 산이 되고 때론 함께 물이 되어 구르고 떨어지고 흩어지며 나아갔다. 어디까지 흐를지, 언제까지 나아갈지 알 수 없었다.

경연의 의미는 무색해졌고, 다만 일방적 환호와 갈채의 피날레만 남아 있었다.

— 『랩소디 인 베를린』 중에서 『랩소디 인 베를린』, 뿔(웅진문학에디션), 2010

음악가 소설, 혹은 음악 소설이라 부르고 싶어요

바흐와 존 케이지와 윤이상을 좋아하는 분들에게

　어느 날 늦은 아침을 먹고 있었습니다. 빵과 치즈, 그리고 살짝 구운 베이컨과 커피가 전부였지요. 종종 그러듯, 그날도 FM 라디오를 낮게 틀어놓고 있었습니다.
　바흐의 오르간곡 〈토카타와 푸가 라단조〉가 흘러나오더군요. 너무 익숙한 음악이었지요. 그런데 그날따라 좀 다른 상상을 했습니다.
　전기도 없던 시절, 그 거대한 파이프오르간에 바람을 넣기 위해 땀을 뻘뻘 흘리는 하층민 풀무꾼의 군상. 그중 하나가 우여곡절을 겪으며 훌륭한 음악가로 성공하는 이야기를 쓰면 어떨까 생각했습니다. 이 소설의 애초 제목이 그래서 '토카타 운트 푸가'였더랍니다.

　결국 이 소설이 '한국소설'이 되기 위해, 훌륭한 음악가로 새로 태어나는 그 인물을 '조선인의 후예'로 설정했습니다. 과연 1700년대, 바로크 음악의 태동기에 저 독일 바이마르에서 조선인의 후손이 음악가로 성공한다는 이야기가 가능할 수 있을까요? 그 개연성을 붙잡고 소설을 끝까지 써냈습니다. 그러기 위해 독일과 일본, 서울과 평양 이야기를 끌어들였지요. 그래서 이야기의 내용은 '코리안 디아스포라'가 되었지만, 애당초 바흐의 음악에서 시작된 소설인만큼 저는 이 소설을 음악가 소설, 혹은 음악 소설이라 부르고 싶습니다.

구효서 올림

구효서
중앙일보 신춘문예에 단편소설 「마디」가 당선되어 등단했다. 소설집 『노을은 다시 뜨는가』, 『확성기가 있었고 저격병이 있었다』, 『깡통따개가 없는 마을』, 『도라지꽃 누님』, 『아침깜짝 물결무늬 풍뎅이』, 『시계가 걸렸던 자리』, 『저녁이 아름다운 집』, 장편소설 『슬픈 바다』, 『늪을 건너는 법』, 『낯선 여름』, 『라디오 라니오』, 『남지의 서쪽』, 『내 목련 한 그루』, 『악당 임꺽정』, 『메별』, 『노을』, 『비밀의 문』, 『나가사키 파파』, 『랩소디 인 베를린』, 『동주』, 산문집 『인생은 지나간다』, 『인생은 깊어간다』, 어린이책 『부항소녀』 등이 있다. 『깡통따개가 없는 마을』로 한국일보문학상, 「소금가마니」로 이효석문학상, 「명두」로 황순원문학상, 「조용-피아노 월인천강지곡」으로 허균문학작가상, 「시계가 걸렸던 자리」로 한무숙문학상, 『나가사키 파파』로 대산문학상 등을 수상했다.

모든 생이 그러하듯이 자꾸 고개를 돌려 바라보는 곳으로

가게 돼 있습니다.

그리하여 어딘가를 바라보고 있다는 사실 그 자체가 이미

행복의 거처가 아닌지요.

편지 **둘**

문경보의 편지

최 선생님. 어제 선생님 반 영균이와 이야기를 나눴습니다.

"영균아, 네가 지갑을 훔친 사실을 알면 누가 가장 힘들어할까?"

"아버지가 힘들겠죠."

"아버지…… 아버지가 가장 힘들어할 것이라고 영균이는 생각하고 있구나. 그럼 영균이가 아버지에게 가장 듣고 싶은 말은 뭐니?"

"아버지는 저에게 미안하다고 말해야 돼요. 왜 엄마를 집에서 나가게 해요? 아버지에게 매를 맞는 것도, 아버지가 술 먹고 들어온 날, 친구 집으로 도망가서 자는 것도 이젠 지겨워요. 아버지는요. 아니 그 인간은요, 저에게 '미안하다'는 말을 천만 번도 더 해야 되는 사람이에요."

"그랬구나. 영균이는 아버지가 미워서 도둑놈 소리를 들으면서라도 아버지가 힘들어지는 모습을 보고 싶었구나."

영균이는 고개를 끄덕였습니다. 저는 영균이 앞쪽에 의자를 하나 가져다 놓았습니다.

"영균아. 여기 아버지가 앉아 계시다고 생각하렴. 그리고 아버지에게 하고 싶은 말을 한번 해봐."

의자를 바라보던 영균이는 고개를 푹 숙이면서 아무 말도 할 수 없다고 했어요. 그러더니 온몸을 벌벌 떨기 시작했어요. 그렇게 한동안 침묵이 흘렀고 영균이 입에서 조그만 소리가 흘러나오기 시작했어요.

"아버지 왜 그러셨어요. 아버지 드시라고 밥을 했는데 왜 밥상을 걷어차요? 난 그때 겨우 5학년이었는데……."

영균이의 소리가 점점 커지기 시작했습니다.

"왜 그랬어요? 왜 그랬어요? 왜 그랬냐구요?"

영균이가 대성통곡을 하기 시작했습니다. 울음이 잦아들 즈음 제가 영균이의 아버지를 대신해서 안아주고 싶은 마음이 들었어요. 그러나 영균이는 제 품에 안기지 않고 어린아이처럼 엉금엉금 기어와서 제 다리를 붙잡고 울기 시작했어요.

"아버지. 죄송해요. 불편한 다리로 일하면서 절 공부시키느라 늘 힘드셨는데…… 아버지. 죄송해요."

영균이가 다시 울기 시작했습니다.

"그랬구나. 영균이는 아버지가 무서워서 말을 못 한 것이 아니었구나. 아버지 다리가 불편해서, 힘든 일이 있어도 아버지가 힘들어할까 봐 아무 말 못 하고 꾹 참았구나. 그건 우리 영균이 탓이 아닌데. 미안하다 영균아. 네가 그렇게 힘든 줄 아버지는 몰랐단다. 정말 미안하다."

한참을 울던 영균이가 제 다리를 꼭 안고 이렇게 말하더군요.

"아빠, 사랑해요."

그 덩치 큰 놈이 아빠라고 했어요. 아빠라고······.

─「외로운 양치기 소년」 중에서 『외로워서 그랬어요』, 샨티, 2011

마음 아래 있는 마음을 바라봐주세요

변해버린 아이 때문에 당황하고 계신 부모님에게

혹시 지금 자녀분들 때문에 마음이 아프신가요? 그럼 박수를 보냅니다. 부모의 길을 잘 걸어가고 계신 겁니다. 부모가 아픈 것이 아니라 아픈 사람이 부모입니다. 더 많이 사랑하는 사람이 더 많이 아픈 것입니다.

이런 말 들어보셨나요? '아이가 태어났다. 그리고 엄마가 태어났다.' 다르게 말씀드리면 자녀의 나이가 열일곱이면 부모로서의 나이도 열일곱이라는 것입니다. 자녀와 나이가 같은 사람이 부모 노릇을 하려고 하니 모든 것이 낯설고 당황스러울 수밖에 없습니다. 힘도 들고요. 그래서 저는 박수와 동시에 위로의 마음도 여러분께 전합니다.

자, 그러면 어른과 아이의 차이는 무엇일까요? 여러 가지가 있겠지만 어른은 아이들보다 좀 더 멀리 보고 깊게 볼 수 있는 눈을 가진 사람들이 아닐까요? 지금 눈앞에 벌어진 자녀의 어떤 행동보다 그 행동 아래 있는 마음, 또 그 마음보다 더 아래 있는 마음을 볼 줄 알아야 어른이 아닐까요?

폭력을 휘두르고 물건을 훔치는 청소년들 대부분은 '인정 욕구'에 시달리고 있답니다. 누군가가 자기를 사랑해달라고 절절하게 외치고 있는 것이랍니다. '난 세상이 미워!'라는 말은 '세상과 사랑하며 살고 싶다!'는 소리랍니다. 그 마음속 마음들을 바라봐주세요. 다시 말씀 드릴게요. '바라봐주세요.' '바로 보려고' 애쓰지 말아주세요. 반걸음만 뒤에서 바라봐주세요. 힘드실 거예요. 그 힘든 몸짓이 부모를 부모의 자리에 제대로 서 있게 해드릴 겁니다. 너무 사랑하지 마세요. 사랑은 받아들이는 사람이 사랑이라고 인식할 때 의미가 있는 것이랍니다. 아시죠? 홍수에는 마실 물이 없다는 것! 조금 천천히 조금만 여유를 가지고 자녀분들과 세상을 엮어나가셨으면 합니다.

끝으로 '자식이 행복해야 부모가 행복하다'는 말은 부모님을 위한 생각이고요. '부모가 행복하게 사는 것을 보면 자식은 행복하다'는 것이 자식을 위한 생각이라는 제 마음을 전합니다.

문경보 올림

문경보

22년간 국어교사 겸 상담교사로 일하며, 학생들과 생활한 이야기를 『흔들리며 피는 꽃』 등 세 권의 교단 수필로 엮어냈다. 『흔들리며 피는 꽃』은 '책따세 추천도서'가 되면서 큰 사랑을 받았고, 전문 극단의 무대 공연으로도 올려졌다. 『봄을 앓는 아이들』『외로워서 그랬어요』『엄마도 힘들어』 등이 있다. EBS 출연, 청소년 적십자지도교사 등 활발하게 활동해온 그는 건강상의 문제로 2011년 1학기를 끝으로 교단을 떠나, 2012월 1월부터 '문청소년교육상담연구소'를 개소하여 청소년 전문상담가로서의 길을 걷고 있다.

박혜경의 편지

　혜지가 눈이 크고 동그란 건 사실이에요. 귀엽고 예쁜 것도요. 그런데 내가 듣고 있는 데서 혜지만 예쁘다고 이야기하니까 내가 못생겼다는 이야기처럼 들렸어요. 내가 잘못 생각한 걸까요? 내 눈도 혜지만큼 컸으면 좋겠어요. 거기에 쌍꺼풀도 있으면 좋을 텐데. 하지만 드러내놓고 그런 투정을 부릴 나이는 지났잖아요. 나는 2학년이나 됐으니 말이에요. 맞다! 바로 그거야!
　"이렇게 좋은 생각이 떠오르다니 혹시 나 천재 아니야? 난 천재가 틀림없어."
　하마터면 소리를 지를 뻔했어요.
　이모가 말한 것처럼 내 동생 혜지가 더 귀엽고 예뻐요. 그리고 언니인 내가 시키는 건 뭐든지 잘 따라 해요. 나하고 둘이 있을 때는 특히 그렇죠.
　나는 혜지를 데리고 장난감 방으로 갔어요.
　문을 꼭 닫고 얘기를 시작했어요.

"혜지야 아주 중요한 일이거든."

내 말을 들은 혜지는 어리둥절한 표정을 지었어요. 하긴 이제 다섯 살이니 중요한 게 뭔지를 알기나 하겠어요? 그러니 내가 얼마나 답답하겠어요.

"그러니까 언니 말을 잘 들어야 해 알았지?"

혜지는 알았다는 듯이 고개를 끄덕거렸어요.

"그럼 이제 시키는 대로 해봐."

……

"자, 이제 무안한 얼굴 한번 해봐."

"언니 무안한 게 뭐야?"

어린 동생을 데리고 뭔가를 한다는 것은 정말 어렵고 힘들다니까요. 무안한 게 뭔지를 어떻게 모를 수가 있단 말이에요. 그런데 무안하단 말을 어떻게 설명해야 할지……. 나는 고개를 잠깐 갸우뚱했어요.

"너도 모르게 방귀 나올 때 있지? 유치원에서 친구들이 네가 방귀를 뽕 뀌는 소리를 들었을 때, 어떤 기분이었어?"

"아 그게 무안이야?"

— 『아빠, 회사 안 가?』 중에서 『아빠, 회사 안 가?』, 크레용하우스, 2009

라일락이 화사하게 피어 있던 어느 봄날

알콩달콩 사소한 일로 기뻐하고 때론 힘들어하는 사람들에게

땅콩사탕을 사달라고 엄마한테 졸랐습니다. 조르고 또 졸랐습니다. 나중에는 굵은 눈물을 뚝뚝 흘리면서 사달라고 했던 기억이 있습니다. 조르고 조르면 내가 원하는 사탕을 얻을 수 있다고 믿었던 모양입니다. 하지만 엄마는 끝까지 사탕을 사주지 않으셨어요. 왜 그랬는지 지금도 모르겠어요.

열 살 무렵의 일이니까 40년이 더 된 일이네요.

라일락이 화사하게 피어 있던 봄날, 엄마는 마루의 먼지를 구석구석 닦아내고 있었는데, 그날 해 질 무렵, 내 얼굴이 비칠 만큼 반짝반짝 빛나던 검은색의 멋진 피아노가 그 자리에 놓였습니다. 동화책도 사달라고 하기 전에 책꽂이와 함께 배달되어 왔습니다.

사탕을 사달라고 졸랐던 때와 비슷한 시기였습니다. 비싼 피아노를 갖고 싶었지만 대놓고 조르지 않았는데 사주셨던 걸 보면 사탕을 사줄 돈이 없었던 건 아닌 것 같습니다. 사랑받은 기억이 더 많고 거절당한 기억은 거의 없습니다. 그런데 땅콩사탕에 대한 기억은 왜 이렇게 선명한지 나도 이해하기 힘듭니다. 어머니에게도 그럴 만한 마음의 사정이 있었음에 분명합니다. 그럴 분이 아니니까요.

그때, 어린 나는 엄마가 입을 다물고 사탕 사주기를 거절할수록 땅콩 향으로 고소하고 달콤한 사탕 없이는 못 살 것처럼 졸랐습니다. 엄마가 사탕을 사주지 않는 것이 마치 나를 거절하는 것처럼 불안한 마음에 고집부리며 졸라댔던 것 같습니다.

"그만하면 됐거든, 그만 투덜거려. 네가 집이 없니? 옷이 없니? 밥이 없니? 부모가 없니?"

왜 그럴까요? 어린 시절로 돌아가보면, 집도 밥도 옷도 부모도 다 있는데도 가끔 결핍을 느낄 때가 있었습니다. 땅콩사탕같이 아주 작고 사소한 것 때문에 말이지요.

"그렇게 별것도 아닌 지난 일을 아직도 마음에 담아두다니, 그만하면 됐거든!"이라고 말할 수 있을 겁니다. 그렇다면 공감을 원하는 나는 또 상처받을지도 모르겠군요.

살다 보면 이혼, 죽음, 사고처럼 어마어마한 일 앞에 기진맥진해지는 수도 있지만 알콩달콩, 정말 콩 만한 일 때문에 마음 아프기도 하고 또 행복에 젖어듭니다.

가족이 서로 기쁨, 서운함, 속상함, 상처, 안타까움, 소망, 당황함, 인정받고 싶은 마음을 읽어준다면, 이 책의 주인공 민지가 부모가 겪는 어려움에 힘이 되고자 했던 것처럼 자녀도 부모에게 도움이 될 수 있을 거예요.

도움이 꼭 어른에게서 아이들에게로 흐르는 것은 아니다 싶군요. 엄마 아빠를 위해 뭔가 해보려고 애쓰는 민지입니다. 동생 혜지를 광고에 내보낼 준비를 시키고, 방송국에서 길을 잃는 말썽을 부리는 것조차도 따뜻한 눈으로 보고 싶어지네요.

민지와 혜지의 오늘이 어제보다 더 행복할 수 있기를, 동화를 읽는 이들의 마음이 잔잔한 감동으로 젖어들기를 바라는 마음입니다.

박혜경 올림

박혜경
예일여자고등학교에서 학생들을 가르쳤다. 현실요법 상담사이고 PET와 MBTI 강사로 활동하고 있다. 어린이책 「난 찬밥이 아니야」, 「우리집 옆 비밀장소」, 「말을 해야 알지」, 「인어공주가 된 수진이」, 「아빠, 회사 안 가?」, 「싫어! 지겨워! 짜증나!」 등이 있다.

오창은의 편지

우리는 흔히 모욕을 심리적인 것으로 간주하는 경우가 많다. 누군가의 농담이나 무례, 건방진 표현 등으로 자신의 자존심에 상처를 입었을 때, 모욕당했다고 말한다. 이는 수치심이나 분노와 연결되어 있기도 하다. 하지만, 과연 심리적 충격만을 모욕으로 규정할 수 있을까? 체제가 개인에게 강요하는 폭력은 더 심한 모욕이 아닐까?

경쟁을 통한 생존만 유일한 삶의 원리인 사회에서는 모든 사람들이 도덕적으로 훼손된 삶을 살 수밖에 없다. 다른 사람을 이겨야만 나의 생존이 보장된다면, 살아남은 모든 사람들은 죄를 지은 자들일 뿐이다.

그런 의미에서 우리는 '사회적 통념'과 '사회체제'에 대해 근본적으로 다시 생각할 필요가 있다. 사람은 개별적이기에 공동체를 구성할 수 있는 것이고, 다양한 가치를 지향할 수 있기에 오히려 윤리적일 수 있다. 그런데도 사회가 규정하는 틀에 자신의 가치를 맞추려 하면, 모두들 체제의 희생자가 될 뿐이다.

숙명처럼 보이는 현실도, 그것을 바꾸고자 하는 의지가 싹트면 '한시적 현실'이 된다. 자신이 느끼는 모욕감의 근원을 성찰함으로써, 보다 인간적인 사회를 향하려는 우리의 의지를 확인하는 것, 그것이 '모욕 없는 자존(自尊)의 사회'로 가는 첫걸음일 것이다.

— 「벌거벗은 희생양들」 중에서 『모욕당한 자들을 위한 사유』, 실천문학사, 2011

당당히 꿈꿀 권리를 갖기 위하여

스스로를 비주류라고 생각하는 모든 이들에게

우리 주변에서 '체제의 비주류자들'이 자취를 감추고 있습니다. 그들은 진정 사라진 것이 아니라, 시선에 노출되기를 꺼리고 있는 것이겠지요. '체제의 비주류들'은 결코 숨겨질 수 있는 존재들이 아닙니다. 그런데도, 주류가 아닌 모든 이들은 스스로 부끄러움을 느껴야 한다고 강요당하고 있는 실정입니다. 사람들은 배제되는 것을 두려워하고, 주류가 아닌 것을 꺼리며, 지배적 시선에 공포심을 느낍니다. 이것은 잔혹한 메커니즘이지요.

인간관계와 사회관계 속에 '비주류'는 '금기로 묶인 존재'가 되었습니다. 이들의 유대와 연대는 더더욱 있어서는 안 될 예외 상황으로 간주됩니다. 인간을 모욕하는 폭력의 잔혹한 실체는 비주류들이 갑작스럽게 모습을 드러내는 순간 적나라하게 폭로되고 맙니다. 그래서, 스스로를 은폐하도록 이데올로기화하고 있는 것이겠지요.

'체제의 비주류들'은 실업자, 잠재적 실업자, 비정규직 노동자, 성적 소수자, 비체제적 예술가, 이주노동자, 결혼이주여성, 탈북자 등입니다. 이들은 체제 바깥으로 배제된 자들이기에 다른 세상을 꿈꿀 수 있는 권리를 갖고 있는 자들입니다. 역설적으로 소중한 존재들인 것이지요.

'공감의 능력'이 있는 따뜻한 인간이기를 원하십니까? 그렇다면, 스스로를 약자라고 생각하는 '모욕당한 자들'에 포함될 수 있습니다. 스스로를 은폐시키지 않고, 서로 연대하고 유대감을 강화시킬 수 있겠습니까? 함께, 꿈꿀 권리를 획득하셨습니다.

체제의 약자들은, 체제 바깥의 정신적 강자들입니다.

오창은 올림

오창은

2002년 경향신문 신춘문예 문학평론 부문에 당선돼 평론 활동을 시작했다. 평론집 『비평의 모험』, 『모욕당한 자들을 위한 사유』가 있고, 「한국 도시소설 연구」 등 다수의 논문을 발표했다. 계간 『실천문학』 편집위원을 역임했고, 중앙대학교 교양학부 교수로 재직 중이다.

이원규의 편지

　옛사람들이 말을 타고 산천을 누비던 것과 가장 닮은 것이 있다면 그것은 바로 모터사이클을 타는 것이 아닐까.

　풀잎 대신 휘발유를 먹고 달리는 '현대식 말'. 108마력에 달하는 나의 애마는 시속 220km로 달릴 수도 있다. 시속 4km로 걷는 것보다 50배나 더 빠른 무시무시한 속도를 낼 수도 있으니 솔직히 '폭주족'이라는 손가락질을 면하기 어렵다.

　그러나 나는 폭주족이 아니라 여전히 기마족이다. 모터사이클을 타는 것은 바람의 정면에 서는 것. 바람이 불어오는 쪽으로 몸을 기대며 눈물을 흘리며 길과 바람에게 목숨을 내맡기는 일이니, 그까짓 손가락질이야 감수할 정도로 통쾌한 것도 사실이다.

　지리산에 와서 15년 동안 뭔가 한 게 있다면 그것은 단지 많이 걷고 많이 달리는 것이었다. 한반도 남쪽 곳곳을 줄잡아 3만 리를 걸으며 세상사 안부를 묻고, 그동안 14대 이상의 바이크를 갈아타며 100만km 이상을 달려 두두물물에게 눈인사라도 했으니 거리상으로 지구 20바퀴 이상을 돈 셈이다. 마침내 국도와 지방도 어디든 안 가본 곳이 없는 '인간 내비게이션' 수준이 되었다.

돌이켜보면 내 몸이 바람인지, 바람이 내 몸인지, 바이크를 타고 시를 쓴 것인지, 시를 쓰며 바이크를 탄 것인지 선뜻 분간이 가지 않는다.

바이크는 속도와 반속도의 길 위에서 내게 참으로 많은 것을 일깨워주었다. 봄이면 북상하는 꽃의 속도로 지그재그 지방도를 따라 전국을 일주하고, 가을엔 남하하는 단풍의 속도로 달렸다. 걷는 것에 비해 질주는 분명 위험한 일이지만 따지고 보면 세계적인 자살률이 횡행하는 이 땅에서 위험하지 않은 것은 아무것도 없다.

다만 꼭 필요한 것은 고도의 집중력, 그 집중력이 바로 삶과 문학의 밑천이 아닌가. 바이크, 그 눈물의 속도는 백척간두 진일보이자 경계에 막 피어나는 꽃이었다. 단 한순간의 방심도 용서치 않는 눈빛 매서운 스승 같은 존재였다.

― 「나는 폭주족이 아니라 기마족이다」 중에서 『멀리 나는 새는 집이 따로 없다』, 오픈하우스, 2011

열망

내 인생 내 마음대로 살고 싶은 젊은이들에게

　내 인생 내 마음대로 사는 일은 분명코 만만치 않은 일입니다. 모든 책임이 오로지 자신에게 돌아오는 일이니 그만큼 고독하며 엄청난 집중력이 요구됩니다.

　나 또한 내 인생의 마지막 열망이 있었지요. 욕을 먹고 돌을 맞더라도 문득 모든 것을 내려놓고 '정신이 쏠리는 대로' 살아보는 것이었습니다. 참매를 키우던 어린 시절의 고향을 떠난 뒤 절과 대학과 광산, 그 어느 곳에서도 채 3년을 넘기지 못했습니다. 서울살이 또한 딱 10년을 견뎠으나 그마저 지리산행의 전주곡에 불과했습니다.

　지리산에서 내 집을 꿈꾸지 않는 대신 자발적 가난과 모터사이클을 선택했지요. 바이크를 타는 것과 삶이 무어 그리 다르겠는지요. 세상사 위험하지 않은 일은 없으니 삶의 급격한 경사를 만나면 내 몸과 마음도 그만큼의 긴장을 팽팽히 유지하고, 코너를 만나면 또 그만큼의 기울기로 유연하게 내 몸을 던져야만 비로소 죽지 않고 살아서 돌아 나갈 수 있었지요.

　때로는 지금 이 순간 돌아보지 말아야 합니다. 옆도 보지 말아야 합니다. 두려운 나머지 주춤거리며 자꾸 낭떠러지만 바라보면 어느새 그곳으로 떨어질 뿐이지요. 집중 또 집중, 고개를 돌려 S자 커브의 탈출구 라인만을 바라보아야 합니다.

바라보는 것만으로도 마음이 가고 몸이 가고, 마침내 쓰러질 듯 쓰러질 듯 원심력으로 코너를 돌아 끝내 가고자 하는 곳으로 치고 올라가는 것이지요. 모든 생이 그러하듯이 자꾸 고개를 돌려 바라보는 곳으로 가게 돼 있습니다.

그리하여 어딘가를 바라보고 있다는 사실 그 자체가 이미 행복의 거처가 아닌지요.

이원규 올림

이원규

한국작가회의 총무, 일간지 및 월간지 기자 등의 서울 생활을 접고 지리산에 입산한 지 16년째다. 순천대학교 문예창작학과와 시리산학교 등에서 시를 가르치고 있으며, 시가 날 때마다 모터사이클을 타고 전국을 누비며 사람과 길을 만나러 다닌다. 1984년 『월간문학』, 1987년 『실천문학』을 통해 시 창작 활동을 시작했고, 시집 『빨치산 편지』 『지푸라기로 다가와 어느덧 섬이 된 그대에게』 『돌아보면 그가 있다』 『옛 애인의 집』 『강물도 목이 마르다』, 산문집 『벙어리 달빛』 『길을 지우며 길을 걷다』 『지리산 편지』 『멀리 나는 새는 집이 따로 없다』 등이 있다. 신동엽창작상, 평화인권문학상을 수상했다.

강제윤의 편지

　부자가 돼서 나누는 삶은 아름답습니다. 하지만 부자가 되지 않기 위해 노력하는 삶은 더욱 아름답습니다. 부자가 되지 않는다는 것은 얻게 되는 모든 것을 나누어 버릴 때만 가능한 일이기 때문입니다.

　이 세계에는 여전히 먹을 것이 없고, 입을 옷이 없고, 잠잘 집이 없는 사람들이 허다합니다. 그러나 오늘날 인류가 직면한 기아와 빈곤의 문제가 물질의 부족 때문이 아니라는 것은 누구나 잘 아는 사실입니다.

　그러므로 더 많이 나누기 위해 더 많이 생산하고 더 많이 모아야 한다는 주장은 설득력이 없습니다. 우리는 결코 나누기 위해 부자가 되려고 애써서는 안 됩니다. 그보다는 가난해지기 위해 애써야 합니다.

　가난하게 사는 것이야말로 나눔 이전의 나눔이며 가장 큰 나눔의 실천입니다. 역설적이지만 모두가 가난해지려고 노력할 때, 이 세계의 모든 가난은 끝나게 될 것입니다.

— 「자발적 가난에 대한 단상」 중에서 「자발적 가난의 행복」, 생각을담는집, 2010

부자가 되는 것은 죄악입니다

부자가 되는 것이 삶의 목표인 사람들에게

 우리 선인들이 생각했던 이상향, 무릉도원이나 오복동천 같은 유토피아는 어떤 세상이었을까요. 금은보화가 넘치는 고대광실 궁궐 같은 집에서 사치를 누리며 호화로운 삶을 사는 것이었을까요? 아닙니다. 그들이 그토록 도달하고자 원했던 유토피아는 밥 굶지 않고 헐벗지 않고 따뜻하게 살 수 있는 소박한 세상에 지나지 않았습니다.

 물론 아직도 이 지상에는 헐벗고 굶주린 사람들이 많습니다. 하지만 우리는 어떻습니까. 대부분의 사람들은 풍족히 먹고, 입고, 살아가지 않습니까. 그럼 우리는 이미 옛사람들이 꿈꾸던 유토피아에 살고 있는 셈이 아닌가요. 그런데도 우리는 늘 결핍에 시달리며 부자가 되기를 열망합니다. 몇 년 치의 식량을 쌓아놓고도 걱정이 끊일 날 없습니다. 그래서 늘 더 많은 돈을 벌기 위해 안간힘을 씁니다. 이 사회 또한 부자가 되는 것이 최고의 가치라고 부추깁니다.

이 땅은 어느새 너무도 뻔뻔스럽게 돈을 숭배하는 물신의 나라가 되고 말았습니다. 그래서 많은 이들이 부자가 되기 위해 남을 짓밟기를 마다하지 않고 자신의 행복까지도 기꺼이 희생합니다. 미디어들은 가난은 죄악이고 부유함은 선이라고 쉴 새 없이 떠들어댑니다. 모두가 부자가 될 수 있다고 주문을 걸어댑니다. 하지만 우리들 대다수는 절대 부자가 될 수 없습니다. 산출되는 부의 총량은 일정한데 노력하면 모두가 부자가 될 수 있다는 주장은 혹세무민에 불과합니다.

그것을 모르지 않으면서도 우리는 욕망을 제어하기가 쉽지 않습니다. 하지만 더 많이 일하고 더 많은 돈을 모아서 우리가 할 수 있는 일이란 대체 무엇일까요. 그저 더 많이 소비하는 것밖에 없습니다. 그도 아니면 끊임없이 돈을 불리기 위해 투자하느라 자신의 행복을 위해서는 제대로 써보지도 못하고 살다 가는 길 뿐입니다. 대체로 부자가 되려는 우리들의 노력이란 금융자본이나 토건자본의 먹잇감에 지나지 않습니다. 요즘 부동산 시장의 몰락이 그것을 증명하고 있지 않습니까.

어떤 이들은 가난한 이들과 나누기 위해서라도 부의 축적이 필요하다고 주장합니다. 물론 부자가 돼서 나누는 삶은 아름답습니다. 하지만 우리들 대다수는 결코 부자가 될 수도 없고, 부자가 되더라도 나눌 수 없습니다. '부자'란 만족을 모르는 탐욕의 노예이기 때문입니다. 그러므로 부자가 돼서 나누겠다는 다짐보다는 부자가 되지 않기 위해 노력하는 삶이 더욱 아름답고 현실성 있는 나눔의 실천입니다. 부자가 되지 않는다는 것은 남의 몫을 빼앗아오지 않는 것을 뜻하니까요. 그러므로 그대여, 더 이상 부자가 되기 위해 노력하지 마십시오. 부자가 되는 것은 죄악입니다.

강제윤 올림

강제윤

1988년 『문학과 비평』 겨울호로 등단했다. 문화일보 평화인물 100인에 선정되었다. 청년시절 평등한 세상을 꿈꾸는 혁명가로, 인권운동가로 살았으며 3년 2개월의 옥고를 치렀다. 지금껏 거처 없는 유랑자로 자발적 가난의 삶을 살아간다. 『올레, 사랑을 만나다』 『섬을 걷다』 『부처가 있어도 부처가 오지 않는 나라』 『숨어사는 즐거움』 『보길도에서 온 편지』 『자발적 가난의 행복』 『어머니전』 『파시: 바다의 황금시대』 등이 있다.

박영란의 편지

살라망고 아줌마네 마당은 조용하다. 어두운 마당에서 닭들이 '꼬로록'거리는 소리가 난다. 어쩌면 나를 알아보고 저런 소리를 자기들끼리 내는 것인지도 모른다. 아무튼 나한테는 다정하게 들리는 소리다.

나의 고독한 두리안나무숲 속에 사는 살라망고 아줌마를 내 마음속에 영원히 기억할 수 있도록 아주 꼼꼼히 둘러본다. 언젠가 서울에 돌아가게 되거나, 아니면 여기 라구나에서 아떼 생활을 하게 되거나, 아니면 필리핀을 떠돌아다니게 되거나, 어쩌면 운이 좋아서 대학생이 된 후에 아니, 대학생이 되지 못하고 그저 그런 시시한 어른이 되어서 시시껄렁하게 살아가더라도, 지금 이때를 생각해봤을 때 '그때, 나의 고독한 두리안나무숲과 그 숲에 사는 살라망고 아줌마가 있었지'라고 떠올릴 수 있도록.

두리안나무가 만들어준 그늘 아래 붉은 맨땅에서 아줌마가 빨래를 널고, 한가한 고양이가 녹슨 세탁기 위에서 잠자고, 경계심 많은 닭

부부가 병아리들을 데리고 땅을 뒤지던 '나의 고독한 숲'. 세상 어느 한구석에 내가 사랑하고, 그래서 매일 와서 보고, 마음에 담던 숲이 있다는 생각만으로 나는 아주 바닥까지 불행해지지는 않을 것 같다.

— 『나의 고독한 두리안나무』 중에서 『나의 고독한 두리안나무』, 자음과모음, 2011

버려져 본 적 있나요?

버려진다는 것의 의미를 묻는 독자에게

버려져 본 적 있나요? 잠시 혹은 영영. 어떤 한 사람 혹은 여러 사람한테서 버려졌다거나, 당신이 살고 있는 이 세계로부터 버려졌다는 것을 문득 느껴본 적이 있나요. '유니스'처럼 말입니다. 열세 살에서 열네 살 사이를 살고 있는 소녀 유니스는 자신의 처지를 깨달았을 때 산책을 시작합니다. 산책하면서 사람들을 알게 됩니다. 처음 만나는 사람도 있고, 전에 알던 사람을 새롭게 알게 되기도 합니다. 살라망고 아줌마, 데니슨 아줌마, 미키윤수, 연서블랑카, 사라인선 언니, 튜터라니, 말레이시아의 이슬람교도. 남들처럼 보호받으며 살아가는 동안엔 보이지 않던 세계를 유니스는 감각하기 시작합니다. 처한 위치가 달라지면 모든 것이 달리 감각됩니다.

 유니스가 조숙하다고요? 그래서 먼 이국에 홀로 버려진 슬픔도 잘 이겨낸다구요? 아닙니다. 유니스는 그렇게 강한 아이가 아닙니다. 유니스는 이겨내는 게 아니라. 스며들기 시작합니다. 슬픔에 섞여 들어가기 시작합니다. 달콤하거나 화려하거나 짜릿해서 우리의 감각을 들뜨게 하는 이 세상의 가시적인 껍질을 조금만 떠 들어 올리면 보입니다. 그 아래 흐르는 모두의 슬픔. 그 속으로 유니스는 섞여 들어가기 시작합니다. 거부할 수도 피할 수도 없는 이 세계 내의 존재가 가진 슬픔과 고독. 당신도 이미 알고 있다시피.

 생각해봅니다. 버려진다는 것은 스스로 버릴 때 비로소 버려지는 것입니다. 그러니 적어도 이 생애에서 한 가지는 할 수 있습니다. 스스로를 버리지 않는 일, 그리하여 버리지도 버려지지도 않는 일 말입니다.

박영란 올림

박영란
소설집 『라구나 이야기 외전』, 장편소설 『나의 고독한 두리안나무』 『영우한테 잘해줘』가 있다.

박상률의 편지

　좋은 문학은 좋은 질문을 지니고 있다. 삶의 거죽을 통해 삶의 본질을 묻는 질문. 문학은 그렇게 물어야 한다. 물론 좋은 질문은 질문 속에 이미 답도 같이 가지고 있다. 청소년들이 보이는, 청소년들에게 일어나는 일들에 대해 언론이 다루는 방식과는 다르게 질문해야 소설이 된다. 그런데 지금 유행하는 청소년 소설들은 좋은 질문이 없다. 그러니 당연히 좋은 답도 없다.

　요즘 청소년 소설에 대한 우려를 하나 더 이야기하자면 작가들이 현실의 문제를 너무 단순화하거나 희화화시킨다는 것이다. 그렇기에 소설에서 보여주는 '문제가 문제로 제시되어 있긴 하지만 전혀 문제로 느껴지지 않는 게 문제'인 경우가 많다. 문제로 느껴지지 않으면 어떻게 되는가? 소설이 자칫 오락거리로 전락하고 만다. 그저 시간 죽이기로 읽으면 그만인 것이다. 소설은 기본적으로 문제적인 인간의 삶을 다룬다. 독자는 불편하더라도 소설이 제시한 문제를 통해 자신과 자신을 둘러싼 사회에 대해 성찰을 한다. 이 점을 작가들이 놓치지 않으면 좋겠다.

— 「좋은 질문을 하는 작품을 써야 한다」 중에서 『청소년문학의 자리』, 나라말, 2011

청소년 소설을 쓰고자 하는 나의 학생에게

청소년 문학 지망자에게

　좋은 질문을 하는 작품을 써야 하는 게 비단 청소년 소설에서만은 아니야. 어른을 독자로 한 소설에서도 마찬가지지. 그런데 청소년을 독자 대상으로 한 소설에서는 '좋은 질문'이 더욱 중요해. 그건 바로 청소년이 이제 막 삶을 시작하는 단계에 서 있기 때문이야.

　삶은 어찌 보면 질문으로 구성되어 있어. 딱 정해진 해답으로 삶이 구성되어 있진 않아. 더구나 청소년은 정해진 답안대로 살고 있지 않지. 그런데도 어른들은 자신들이 정해놓은 답안을 금과옥조로 여기며 청소년을 거기에 끼워 맞추려 애쓰곤 해. 그래서 청소년 소설을 보면 대부분이 '한 수 가르치려는 인생 선배의 훈화집'처럼 쓰여 있어. 당연히 청소년들은 그런 소설은 보지 않아. 하도 들어서 지겨워. 거의 답을 외울 정도거든. 물론 답대로 살지 않지. 답은 그저 대답을 하기 위한 것일 뿐이야. 그런데도 어른들은 그들에게 끊임없이 맞춤형 답을 요구하며, 답이 뻔한 문제를 제시하지.

아무튼 청소년들이 보기엔 어른들이 제시한 문제가 '문제'로 느껴지지 않아. 바로 그게 문제야. 그럼 어떡해야 할까? 문제를 문제로 느낄 수 있는 질문을 해줘야 해. 『반지의 제왕』을 쓴 톨킨의 말대로 해답은 문제 옆에 있어. 그뿐인가? 오기로 독배를 마시고 죽은 소크라테스는 문제 속에 해답이 있다고까지 했어. 그렇다면 청소년 독자가 읽을 청소년 소설이 어찌해야 하는가는 분명해졌지? 소설 속에서 미리 짜 맞추어진 답을 제시하기보단 질문만 잘 던져주면 돼. 좋은 질문 속엔 해답도 같이 들어 있을 테니!

소설 속에 등장하는 인물은 기본적으로 '문제적 인물'이야. 그러나 그가 가진 문제가 문제로만 끝나지 않지. 작가는 등장인물의 문제를 통해서 삶의 비의를 슬쩍 일러주지. 독자는 그걸 보면서 알게 모르게 성장하는 거고. 말하자면 영혼의 성장을 하는 거야. 청소년을 독자 대상으로 한 소설에선 더욱 영혼의 성장에 신경 써야겠지. 그렇다고 자칫 성장을 계몽성과 교육성을 합한 훈화로 생각하면 안 돼. 그러자면 답을 일러주지 말고 질문을 잘

해줘야겠지. 등장인물의 문제를 통해 스스로의 문제까지 해결할 수 있게 말이야.

박상률 올림

박상률

1990년 『한길문학』에 시를, 『동양문학』에 희곡을 발표하면서 작품 활동을 시작했다. 시집 『진도아리랑』 『배고픈 웃음』 『하늘산 땅골 이야기』, 청소년 소설 『봄바람』 『나는 아름답다』 『밥이 끓는 시간』 『너는 스무 살, 아니 만 열아홉 살』 『나를 위한 연구』 『방자 왈왈』 『불량청춘 목록』 『개념전』 『세상에 단 한 권뿐인 시집』, 어린이책 『개조심』 『자전거』 등이 있다. 그중 소설 『봄바람』은 청소년 문학의 물꼬를 튼 작품으로 널리 알려져 있다.

이경혜의 편지

　사람들의 함성이 울려 퍼졌다. 그 함성을 뚫고 리드 기타의 현란한 멜로디가 솟아오르기 시작했다. 앰프에서 퍼져 나오는 진동이 발밑으로 그대로 전달되어 왔다. 내 몸이 너무도 잘 알고 있는 이 진동, 갑자기 가슴이 철렁 내려앉았다. 오지 말았어야 했다, 나는. 이곳에 나는 오지 말았어야 했다, 그러나 이미 늦었다. 드럼이 질주하기 시작했다. 이 비트는 내 온몸을 감전시켰다. 몸 전체가 부르르 떨리면서 심장이 마구 쿵쾅거리기 시작했다.

　보컬의 열정적인 목소리가 실내에 쏟아졌다. 가사는 내 귀에 들리지도 않았다. 내 귀는 오로지 그 모든 것들을 받쳐주고 있는 드럼에만 쏠렸다. 현장에서 듣는 드럼 소리는 기계를 통해 듣는 드럼과는 질적으로 달랐다. 두구두구두구두구…… 드럼스틱을 흔드는 드러머의 자리에 이미 나는 앉아 있었다. 아니다. 나는 이미 드럼이었다. 내 몸 전체가 드럼이었다. 움직일 틈도 없이 밀착해 서 있는 사람들이 몸을 흔들고, 뛰어올랐다. 그 속에서 내 몸도, 어느새 내 의지의 끈을 풀고 마구 흔들리고 있었다.

이것이었다. 내가 사랑했으나 버렸던 것, 그러나 내 속에서 이렇게 웅크리고 있던 것. 그는 안개 속으로 사라지지 않았다. 내 속에서 풀릴 날을 기다리며 상처 입은 짐승처럼 내내 웅크리고 있었다. 그 함성과 열기 속에서 공연장에 들어온 지 20분도 안 되어 나는 항복하고 말았다. 지금까지의 내 항거는 거짓이었다. 너무도 얄팍한 것이었다.

아아, 이런 느낌을 어떻게 표현할 수 있을까? 말로는 도무지 할 수 없다. 그냥 살아 있다는 실감이 온몸으로 짜릿하게 퍼져 나갔다. 나는 그동안 거의 죽어 있었던 것이다. 내가 어떻게 저 기억을 잊고 살 수 있었는지 나는 의아해 했다. 그런데 지금 이 순간 나는 그 답을 알았다. 온몸으로 번개를 맞듯이 깨달았다. 내가 그 시간들을 버틸 수 있었던 건 오직 하나, 내가 거의 죽어 있었기 때문이었다. 나는 죽은 채로 살았다. 3년의 시간 동안 시체처럼, 허수아비처럼, 꼭두각시처럼, 그림자처럼 살았다. 그것을 깨닫게 된 것은 지금 내가 살아났기 때문이다. 그렇다, 나는 지금 이 순간, 살아 있다, 나, 장양호는 살아 있다!

— 「그 녀석 덕분에」 중에서 「그 녀석 덕분에」, 바람의아이들, 2011

지금, 이 순간 살아 있나요?

살아도 사는 것 같지 않은 그대에게

아침에 눈뜨면 또다시 시작하는 하루가 무겁게 머리를 짓누르고, 자동 로봇처럼 몸이 저절로 움직여 날마다 반복되는 일상을 아무 생각 없이 수행하고, 밤이면 지친 몸을 잠의 나락으로 떨어뜨리는 생활만이 '살아도 사는 것 같지 않은' 삶은 아닙니다.

의욕으로 불타고, 늘 행복하다고 생각하고, 남을 위해 기쁘게 무엇인가를 베풀며 남들이 다 부러워하는 삶일지라도 그것이 자신을 속이며 사는 결과라면, 그것 또한 제대로 살아 있는 것이라고 말할 수는 없습니다. 겉으로 행복해 보이든, 불행해 보이든 그것만으로는 모르는 일입니다. 사는 것처럼 사는 것, 그건 각자에게 모두 다른 모습으로 존재하는데다 신은 우리에게 남이 아닌 자기 자신을 속이는 능력까지 주셨으니까요. 까딱하면 우리는 자기 자신한테 속은 채 단 한 번의 삶을 홀랑 '남의 인생'으로 살 수도 있습니다.

이 글 속의 장양호는 어느 날 자신과 똑같은 모습으로 변신한 바퀴가 나타나는 바람에 어쩔 수 없이 자신의 삶과 정면으로 맞닥뜨려 자신의 본모습을 깨닫게 됩니다. 그렇게 보면 장양호의 황당한 비극은 오히려 그에게는 놀랍고 귀한 기회였는지도 모릅니다.

그러나 그런 기회가 누구에게나 오는 것은 아니지요. 그러니

늘 자신의 마음을 들여다봐야 할 것입니다. 내가 지금 이 순간, 정말로, 제대로, 내 마음이 바라는 대로 살고 있는 것일까, 하고 말입니다. 그러면 더 행복해지냐고요? 아니요. 꼭 그렇다고 볼 수는 없습니다. 내 마음이 바라는 대로 사는 것은 세상의 눈으로 볼 때는 더 불행한 결과로 나타날 수도 있습니다. 그렇지만 그것은 적어도 내가 '나'로 존재하는 삶입니다. 살아 있다는 걸 느낄 수 있는 삶, 그것이면 한 사람 몫의 인생으로는 그중 아름답다고 저는 생각하는 것입니다.

지금, 이 순간, 그대는 살아 있나요?

이경혜 올림

이경혜

1992년 문화일보 동계문예 중편소설 부문에 「과거 순례」가 당선되어 작품 활동을 시작했다. 어린이책 『마지막 박쥐 공주 미가야』 『심청이 무슨 효녀야?』 『바보처럼 잠만 자는 공주라니』 『새를 사랑한 새장』 『선암사 연두꽃잎 개구리』 『유명이와 무명이』 『스물일곱 송이 붉은 연꽃』 『형이 아니라 누나라니까요』, 청소년 소설 『어느 날 내가 죽었습니다』 『그 녀석 덕분에』 등이 있다.

송성영의 편지

녀석들의 식량은 사방팔방에 두세 개씩 널려 있습니다. 산자락 곳곳에 숨겨두었습니다. 녀석들은 자신이 숨겨놓은 식량들을 다시 되찾아 먹는 경우가 그리 많지 않을 것 같습니다. 한두 군데에 모아두면 찾기도 쉬울 텐데 참으로 어리석은 녀석들이라는 생각이 듭니다. 어차피 다 먹지 못할 양식, 녀석들의 식량을 슬쩍 도둑질해 올까 하다가 차마 가져오지 못하고 그냥 그 자리에 묻어놓았습니다.

그러던 어느 날, 지게를 받쳐놓고 소나무 아래에 누워 있다가 어린 나무들을 보았습니다. 그것은 어린 소나무들이 아니었습니다. 참나무의 어린 새싹들이었습니다. 어리석은 산짐승들이 감춰놓고 까마득히 잊어버렸던 도토리가 싹을 틔워낸 어린 참나무들이었습니다. 내 입에서는 저절로 탄성이 흘러나왔습니다.

"아, 그렇구나!"

산짐승들의 어리석음이 숲을 만들어내고 있었던 것입니다. 그 산짐승들의 어리석음으로 맑은 공기를 마시고 추운 겨울을 날 수 있었던 것입니다. 산짐승들의 어리석음이 없었더라면 숲은 어떻게 되었을까? 그들이 나처럼 영악한 인간이었다면 그 열매들을 한군데에 모아두었다가 죄 파먹었을 것이고 숲은 더 이상 생겨나지 않았을 것입니다. 그들은 단지 한 해 먹을 식량만을 저장해놓고 있는 것이 아니었습니다. 평생 먹을거리를 얻을 수 있는 숲을 저장해놓고 있었던 것입니다.

— 「어리석은 산짐승이 숲을 만든다」 중에서 『촌놈, 쉼표를 찍다』, 삶창, 2011

어리석은 지게질이 나를 살린다

도시를 떠나고 싶은 사람들에게

산골 생활을 시작할 무렵 겨울을 나기 위해 언제나 숨을 헐떡거리며 지게질을 했습니다. 지게 위로 땔감이 높이 올라갈수록 숨은 목구멍까지 차오릅니다. 마당에 지게를 내려놓고 나면 신음 소리가 절로 나옵니다.

"어이구, 죽겠네."

그러던 어느 날 지게를 지고 후들거리는 다리를 곧추세워가며 산을 내려오다가 문득 지게의 무게는 내 욕심의 무게나 다름없다는 것을 알았습니다. 밤낮으로 돈벌이에 목매야 했던 도시 생활을 청산할 당시, 진즉 덜어놓았다고 여겼던 내 욕심의 무게가 여전히 지게 위에 묵직하게 올라가 있었습니다. 좀 더 편하게 겨울을 나기 위해 좀 더 많은 땔감을 지게 위에 실으려 안간힘을 썼던 것입니다. 하지만 그 일은 결코 편한 것이 아니었습니다. 묵직한 지게질을 하고 나면 허리며 다리에 무리가 갔습니다. 도시 생활을 하면서 좀 더 많이 벌겠다는 욕심에 몸과 마음이 망가져 갔듯이 말입니다.

그 후로 사람들이 내게 눈총을 주거나 말거나 거의 매일같이 꾸역꾸역 산에 올랐습니다. 눈발이 내리든 말든 산에 올라 하루 이틀 치 정도의 땔감을 가볍게 구해 오곤 했습니다.
"땔감을 쌓아놓고 생활하면 편할 텐데……."
사람들은 참 어리석다며 표 나지 않게 혀를 찼지만 그들은 알지 못했습니다. 지게 짐이 가벼우니 더 이상 다리가 후들거리지 않았고, 매일같이 산에 오르다 보니 후들거렸던 다리에 오히려 힘이 부쩍 생겼다는 것을 말입니다. 지게 작대기 장단에 콧노래를 부를 수 있는 마음의 여유까지 생겼다는 것을 말입니다.

결국 그 '어리석은 지게질'이 나를 살렸던 것입니다. 몸과 마음의 숲을 가꿔주었던 것입니다. 사방팔방에 열매를 감춰놓고 까마득히 잊어버리는 산짐승들의 어리석음이 숲을 가꾸고 있듯이 말입니다.

송성영 올림

송성영

대학을 졸업한 후 잡지사 생활을 했다. 결혼과 함께 돈 버느라 행복할 시간이 없었던 그는 덜 벌고 행복하게 살자는 생각에 도시 생활을 접고, 충남 공주에 빈 농가를 얻어 10여 년 동안 소작농 글쟁이로 생활했다. 2002년부터 〈오마이뉴스〉에 꾸준히 글을 올리고 있으며, 2006년과 2010년 두 차례에 걸쳐 '올해의 뉴스 게릴라상'을 수상했다. 현재는 호남고속철도 개발에 밀려 전남 고흥 바닷가로 이주, 농사일과 더불어 아이들에게 글짓기를 가르치며 작은 도서관을 꾸려나가고 있다. 수필집 『거봐, 비우니까 채워지잖아』 『촌놈, 쉼표를 찍다』 『모두가 기적 같은 일』이 있다.

고봉준의 편지

우리는 추방의 시대에 살고 있다. 이것은 결코 현학적인 수사가 아니다. 자본주의적 척도를 앞세운 개발의 논리가 대중들의 보금자리를 게토(ghetto)로 만들고 있고, 주권권력의 폭력성은 대중을 한낱 생명체의 지위로 전락시키고 있으며, 국가는 내셔널 아이덴티티를 내세워 '우리' 안의 이질성을 축출하고 있다. 이 추방과 축출의 지점은 바로 공동체와 우리의 무능력이 적나라하게 드러나는 지점이기도 하다. 그것은 인류평화와 공존공영을 떠들어대던 그 입들이, 세계화가 국가 존망의 갈림길인 것처럼 이야기하던 그들이, 오늘은 낡은 시대의 잣대를 강조하며 법 바깥의 존재를 유령처럼 취급하는 무능력의 지점이고, 그 현실을 정지시키지 못한 채 다만 분노하고, 다만 쓰고, 아침이 되면 또 일상으로 되돌아가고 마는 우리들 일상의 '무능력'이 드러나는 지점이기도 하다. 하나의 사건은 오직 수행적 행위에 의해서만 발생할 수 있다. 그런데 오늘날 문학이 지닌 수행성의 효과는 인권과 같은 추상적인 구호를 연호하는 사람들의 그것보다도 훨씬 떨어진다. 뿐만 아니라 타자에 대한 윤리는 이미 구축된 질서와 대립하는, 그것으로 포착되지 않는 다양한 '보이지 않는 하부 공동체'의 절망을 듣고 거기에 자신을 개방하는 것임에도, 문학은 이 능력마저 잃어버렸거나 외면하고 있다.

— 「수용소에서의 글쓰기」 중에서 『유령들』, 천년의시작, 2010

추방의 시대

이 세상이 살 만한 곳이라고 생각하는 분들에게

텔레비전 화면을 통해서 위안부 할머니들의 수요집회가 19년 11개월 만에 1000회를 넘겼다는 소식을 들었어요. 주한 일본대사관 길 건너편에 소녀상이 세워졌다는 이야기도 들려오고요. 더욱 감동적인 것은 시민들이 그 소녀상에 털모자, 목도리, 담요 등을 입히고 꽃다발과 곰 인형 등을 가져다 놓았다는 것이었어요. 서대문 독립공원 내에 '일본군 위안부 명예와 인권을 위한 전쟁과 여성 인권 박물관' 건립을 추진하는 과정에서 광복회 등의 독립운동 단체가 '나를 찾기 위해 목숨을 바친 순국선열들을 욕되게 한다'는 이유로 박물관 건립을 반대했다지요. 일본군 '위안부' 문제를 민족의 아픔이 아니라 부끄러움으로 여기는 가부장적인 태도야말로 진정 부끄러운 일이 아닐는지요.

 2011년 1월 한진중공업의 대규모 정리해고에 반대하면서 영도 조선소의 85호 크레인에 올라간 김진숙 씨가 309일 만에 크레인에서 내려왔습니다. 대신 희망버스를 제안한 송경동 시인이 영어(囹圄)의 신세가 되었습니다. 한 해의 막바지에 선 우리들의 가슴은 꽤나 춥습니다. 비단 겨울 추위 때문만은 아닐 것입니다. 지금 이 순간에도 이 세상에는 자신의 삶의 터전에서 내쫓기는 추방의 존재들이 많습니다. 저는 그들을 감히 '유령'이라고 부릅니다. 세상 속에 있지만 결코 '세상'이라는 경계의 안에서 자신의 존재 거처를 확보하지 못한 사람들이기 때문이지요. 비단 위안부 할머니들과 송경동 시인만이 그러할까요. 직장을 구하지 못해 실업자 신세로 사회생활을 시작하는 청년들, 재개발의 논리에 떠밀려 삶의 터전에서 쫓겨나는 세입자들, 그리고 한국인이 아니라는 이유로 인권조차 제대로 보장받지 못하는 외국인 노동자들……. 이들 모두가 또 다른 유령들입니다.

 저는 날로 늘어가는 이 하부 공동체의 유령적 존재들 앞에서 문학의 가치는 무엇이어야 하며, 또 문학이 할 수 있는 것이 무엇일까를 고민하며 이 책을 썼습니다. 물론, 문학이 직접적으로 이들의 삶에 해줄 수 있는 것은 없습니다. 그것을 모르지 않습니다. 그러나 문학은 타인의 고통에 눈감아서는 안 됩니다. 그것이 문학의 유일한 존재 이유는 아니지만, 그것 없이 문학의 존재 가치를 증명할 수 있다고 말하는 것 또한 문학의 값싼 자기 위안일 뿐입니다. 그래서 우리 시대의 유령들이 자꾸 나에게, 우리에게 무언가를 호소하고 있다는 느낌을 지우기 어렵습니다. 그리하여 이제 우리의 운명은 유령과 더불어 사는 것입니다. 그런 한에서 일상의 자유로움을 한껏 구가하고 있는 우리들 역시 세상이라는 거대한 수용소 안에 갇혀 있는 존재일 수밖에 없습니다.

고봉준 올림

고봉준
2000년 서울신문 신춘문예로 등단했다. 평론집 『반대자의 윤리』 『다른 목소리들』 『유령들』이 있다. 고석규비평문학상을 수상했다. 『딩아돌하』와 『문장 웹진』 편집위원이다.

오도엽의 편지

김윤자 씨는 서울 관악구 봉천동에 있는 주식회사 자티전자에 다니고 있습니다. 지하철 2호선 낙성대역에서 내려 3번 출구로 나오면 10층짜리 현대식 건물이 있습니다. 이곳이 자티전자 사옥입니다. 김윤자 씨가 햇수로 8년째 다닌 일터입니다. 그런데 하룻밤 사이에 감쪽같이 일터가 사라집니다. 너무도 황당해 할 말을 잃었다는 김윤자 씨. 내가 당한 일이 아니었으면 믿지도 않았을 거라며 헛웃음을 터뜨립니다. 이제 하룻밤 사이의 이야기를 들어봅니다.

2009년 2월 24일입니다. 여느 날과 마찬가지로 저녁 6시에 작업이 끝나자 동료들과 내일 만나자는 인사를 나누고 집으로 돌아옵니다. 평소와 다름없이 저녁을 먹고 연속극을 보다 김윤자 씨는 잠자리에 듭니다. 다음날 새벽 5시. 김윤자 씨는 평소와 다름없이 깹니다. 새벽같이 출근하는 남편의 아침 밥상을 차리느라 정신이 없습니다. 김이 모락모락 나는 밥과 구수한 냄새가 나는 된장국을 밥상에 올리는 순간, 전화기가 요란스럽게 울립니다. "이리 이른 시간에 바쁜데 누가 전화야!" 낯익은 직장 동료의 이름이 찍혀 있습니다. "회사가 사라지기라도 했단 말인가, 새벽부터 웬 전화지." 투덜거리며 "여보세요?" 하자, 수화기 너머에서 당장 숨이 넘어갈 듯한 목소리가 흘러나옵니다.

믿기지 않습니다. 수화기 너머에서 들려온 이야기가 마치 꿈결처럼 여겨집니다. 아, 오늘이 만우절이란 말인가. 이런 황당한 일이 어딨단 말인가. 회사가 새벽에 이사를 가다니. 직원도 모르게 야반도주를 하다니. 온몸에 힘이 쭉 빠집니다. 그 자리에 주저앉습니다.

"여보, 무슨 일이야?" 남편이 놀라서 묻습니다.

"아, 아니. 나 지금 회사에 가봐야겠어요. 당신 알아서 밥 먹고 출근해요."

김윤자 씨는 회사로 달려갑니다. 가는 내내, 이건 꿈이야, 농담일 거야, 홀로 되뇌며 달려갑니다.

회사 앞에 도착한 김윤자 씨는 꿈이 아니라 현실이라는 걸 그제야 깨닫습니다. 자신의 작업장에 있어야 할 물건들이 모두 건물 밖으로 나와 있습니다. 팔 년 동안 지겹도록 보았던 작업대와 기계입니다. "내 손목을 시리게 했고, 내 고막을 아프게 했지만 밥줄"인 김윤자 씨의 분신과 같은 '또 다른 나의 일부'가 길거리에 줄줄이 널려 있습니다.

멀쩡한 일터가 하룻밤 사이에 어디로 갔을까요? 사장님은 죽어라 일한 직원들에게 한마디 말도 없이 짐만 챙겨 어디로 달아난단 말인가요.

─ 「사장님은 사람만 자르려고 하죠」 중에서 『밥과 장미』, 삶창, 2010

르포르타주의 힘

상식의 목소리가 통하는 세상을 바라는 이에게

　이 책은 철저히 권리를 침탈당한 사람들의 기억에서 나온 증언을 바탕으로 쓴 격문입니다. 탐방이나 인터뷰를 통해 취재했지만 르포르타주의 기본을 거부합니다. 기록자(reporter)의 역할에 충실하려 했지만 한국 언론이 보여주는 저널리즘은 철저히 거부하며 글을 썼습니다. 그래서 이곳에 나온 글들은 편파적입니다.
　사실에 접근하는 방법은 다양합니다. 내가 택한 방법은 저울의 균형입니다. 편파적으로 글을 썼는데 어떻게 저울의 균형이란 말인가? 내 저울은 내 글 밖에 있습니다. 글 한 편에 이쪽 이야기 저쪽 이야기 분량을 조절하는 균형이 아닙니다. 바로 사회적 저울의 균형입니다. 권리를 침탈당하고 잃은 쪽의 입장만을 편파적으로 많이, 아니 전부이다시피 글을 구성합니다. 고상하지 못한 방법을 택한 이유는 단순합니다. 굳이 내 글이 아니더라도 권리를 빼앗는 쪽은 이미 사회에서 더 많은 기회를 독점했기 때문에, 굳이 나까지 나서서 어쭙잖은 저널리스트나 르포라이터 폼을 잡을 필요가 없기 때문입니다.
　그래서 김히 주장합니다. 내 글은 편파적입니다. 저널리스트답지도 않습니다. 르포르타주의 기본을 무시합니다. 그랬기에 가장 공정하고 가장 저널리즘에 가깝고 르포르타주의 정신에 충실합니다.

이곳에 실린 목소리는 가장 상식적인 목소리입니다. 가장 낮은 곳에서 보이지 않는 모습을 지닌 채 들리지 않는 목소리로 상식을 위해 살아가는 소외된 사람들의 목소리입니다. 바로 권리를 위한 지독한 싸움을 하는 사람들의 증언입니다.

글 중간 중간에 불쑥불쑥 내 감정을 폭발하여 담고 있습니다. 하지 말아야 함을 알면서 굳이 글에 담은 이유는 내 글이 기사도 르포르타주도 아닌 '삐라'이기 때문입니다. 세상에 뿌리는 삐라. 이론과 논리 형식을 거부한 채 최소한의 상식에 기초해서 그 권리를 지키려는 삐라이기에, 그 상식조차 허용하지 않을 때는 과감히 달려들어 함께 소리 내어 외칩니다.

오도엽 올림

오도엽

사진기와 녹음기를 들고 농민과 노동자의 얼굴과 목소리를 담던 그는 2006년, 우연찮게 전태일의 어머니 이소선을 만나 그곳에 주저앉아 글을 쓰기 시작했다. 『삶이 보이는 창』, 『작은책』에 시, 르포, 칼럼을 싣고 있다. 시집 『그리고 여섯 해 지나 만나다』, 르포집 『지겹도록 고마운 사람들아-이소선 여든의 기억』, 『밥과 장미-권리를 위한 지독한 싸움』, 『종이배를 위한 시간』(공저), 글쓰기 입문서 『속 시원한 글쓰기』 등이 있다.

전성욱의 편지

 '한국근대문학'이란 무엇인가. 자명한 것으로 받들어졌던 '한국'도 '근대'도 '문학'도 모두 한갓 환각의 구성물이었음이 드러난 마당에, 다시 그 텅 빈 기표를 붙들고 있는 '나'는 누구인가. 자명했던 믿음만큼이나 그 모든 것이 환각이었다는 폭로가 가져온 배반의 감정은 격렬할 수밖에 없었다. '한국'이든 '근대'든 끝장나도 좋으니 제발 활자들에 기대어 울고 웃던 밤, 그 정열의 시간들, 흠모와 질투와 자기비약의 시간들만큼은 환각이 아니었다고 믿고 싶었던 것일까. 하지만 '문학'이야말로 한국과 근대를 지탱하는 위대한 지렛대였다는 엄혹한 진실 앞에서 나는 우두망찰할 수밖에 없었다. 문학이란 정말로 동경과 좌절, 희망과 초월이기는커녕 철도나 우편과 다를 것 없는 메마른 제도에 불과한 것이었을까.

 영원불멸하는 진리에 대한 견고한 믿음과 동경을, 그 기원의 자리까지 파고들어 가 그것이 결국은 역사의 조건과 사람들의 열정이 빚어낸 관념의 '구조'였다고 과격하게 폭로해버리는 이론들이 밀려들어

왔다. 불과 얼마 전까지만 해도 '구조'의 맹신자였던 나는 그 폭로의 이론들이 가져다준 카타르시스에 쉽게 매혹(끌림)되거나 미혹(홀림)되어버렸다. 그리하여 나는 곤혹스러웠다. 내가 동경하던 대상들의 몰락이 가져온 상실감의 크기만큼이나 한 시대에 대한 내 믿음의 구조가 붕괴되는 파멸의 희열도 컸다. 한마디로 '나'는 '세계'와 함께 몰락했고 그리하여 나는 그 혼란스러움에 쉽게 도취되었던 것이다. 구조의 '이념'은 탈구조의 '이론' 앞에서 속수무책이었고 그 사이에 낀 나는 어찌할 바를 몰랐다. 사정은 지금도 크게 달라진 것이 없다. 여전히 나는 재현과 표현 사이, 리얼리즘과 모더니즘 사이, 구조주의와 포스트구조주의 사이, 구성과 해체 사이, 구상과 추상 사이, 종언과 재생 사이, 그리고 그 모든 것의 신념과 논리 '사이'에서 진부하게 방황하고 있다. 그러나 그 '사이'란 양극단의 이분법을 통해 실체로서의 절대적 진리를 구성하는 환각의 공간, 즉 지(知)의 매트릭스일 뿐이다. 의지와 열정, 치기와 분노로 가득했던 나의 부끄러운 글들도 돌이켜보면 그 사이의 방황과 혼란 속에서 줏대 없이 쓰인 것임을 고백하지 않을 수 없다.

— 「추종과 배반—일본이라는 매혹과 미혹」 중에서 『바로 그 시간』, 산지니, 2010

흔들림의 한가운데서

오늘날의 비평에 실망한 이들에게

　비평이란 창작과 달라서 때때로 이론의 도움을 받아야 할 때가 많은 글쓰기입니다. 그러다 보니 오늘날의 비평은 그 이론 때문에 오히려 많은 오해와 불신을 불러일으키고 있는 듯합니다. 무엇보다 비평이 너무 어렵다는 불평이 여기저기서 들립니다. 정말 그렇습니다. 지금 한국의 비평은 자족적인 언어의 유희 속에서 아무나 읽을 수 없는 해독 불가능한 문장들로 가득합니다. 부끄럽지만 저의 글도 그런 비판에서 자유로울 수 없기는 매한가지입니다.

　그렇다면 사정이 이렇게까지 되어버린 데는 어떤 이유가 있을까요? 아마 한두 가지 대답으로 쉽게 해결할 수 있는 그런 단순한 문제는 아닐 거라고 생각합니다. 하지만 아마도 이건 분명하지 않을까요. '읽은 것에 대한 글쓰기'라는 비평이, 그 기본이 되는 읽기에 대한 성실함보다는 글을 쓴다는 자의식, 그러니까 쓰기의 탐미적 욕망에 물들어버렸다는 사실 말입니다. 그래서 오늘의 비평가들은 작품에 대한 애정보다는 그 작품을 독해하는 이론에 대한 욕망이 더 큰 것 같습니다. 그렇게 저를 비롯한 이 시대의 비평가들은 이론을 추종하고 그것을 바탕으로 한 탐미적인 글쓰기의 욕망에 들떠 있는 것이 분명합니다. 그런 욕망은 자기중심적인 탐욕에 불과합니다. 그러므로 그 탐욕은 결국 글쓰기의 타락을 불러옵니다. 지금 비평이 읽을 수 없는 글쓰기가 되어 버린 것은 아마도 그 타락 때문일 것입니다. 그래서 저는 제 공부가 멋있어 보이는 이론들에 대한 덧없는 추종이기를 그만두고, 그것들을 창조적으로 배반할 수 있기를 언제나 바라고 있는 것입니다. 「추종과 배반—일본이라는 매혹과 미혹」이라는 글을 쓴 바탕에는 이런 저의 염원이 담겨 있습니다. 누구나 그렇듯 저도 좋은 글을 쓰고 싶습니다. 그러나 좋은 글이란 무엇인가, 저는 아직 그것마저도 제대로 알지 못합니다. 하지만 추종 속에서 배반하는 역설의 과정에서 제 공부가 무르익을 때, 저의 글도 누군가에게 좋게 읽히는 그런 글이 되지 않을까 기대해봅니다. 그러므로 저는 앞으로도 여전히 추종과 배반의 '사이'에서 자주 그리고 격렬하게 흔들릴 것입니다.

전성욱 올림

전성욱

2007년 계간 『오늘의 문예비평』을 통해 비평가의 길로 들어섰다. 지금은 몇 개의 대학에서 강의를 하며 『오늘의 문예비평』 편집위원으로 활동하고 있다. 『지역이라는 아포리아』(공저) 『바로 그 시간』이 있다.

최창근의 편지

성진 - (고개를 숙인 채 한참 동안 말이 없다. 어깨가 축 처져 초라한 몰골, 술기운이 번진다) 이놈, 안가야! 네놈은 몰라. 우리 석이 그놈 때문에…… 불쌍한 우리 석이 그놈 내가 가고 나면……. (말끝을 잇지 못한다)

덕출 - (성진의 갑작스럽게 흐트러진 모습에 당황하며) 자네! 이거 왜 이래? 정말 술 취했나?

성진 - 나 요즘 잠이 안 와.
새벽녘까지 뒤척이다가 밤을 꼬박 새기 일쑤지.
그놈 말일세. 우리 석이 그놈이 무슨 죄가 있나?
그놈, 지 에미 얼굴도 제대로 모르고 자랐어.
말 못하는 짐승도 머리가 크면 다 지 부모 찾아가는데 난 병색이 애비랍시고 석이 그놈이 지 에미 말만 꺼내기라도 할라치면 괜히 윽박만 지르고 타박만 놨어.
그러고도 내가 그놈 애비라고 할 수 있나?

난 자격이 없어. 내가 그 녀석한테 해준 게 뭐가 있나? 이놈, 안가야! 넌 몰라, 모른다구. (꺽꺽거린다)

덕출 – (침묵. 애써 눈물을 감추며) 이놈아! 내가 모르긴 뭘 몰라? 다 알아, 안다구.

(친구의 등을 토닥거린다) 자네도 많이 늙었구먼. 그만한 일로 눈물을 다 보이고.

성진 – (울음소리 점차 커진다) 내가 가고 나면…… 그놈 불쌍한 우리 석이…….

덕출 – (친구의 어깨를 감싸 안는다) 진정하게, 진정해. 왜 그렇게만 생각해?

석이도 이제 다 컸어. 그만하면 지 앞가림은 할 줄 알 나이야. 아, 다 큰 아들내미가 있는데 무슨 걱정이누?

짐승 같은 울음소리. 강바람.
배 위의 두 사람의 그림자. 엉킨다.
가을 저녁 풀벌레 울음소리, 사람의 울음소리 한데 섞인다.
달은 휘영청 밝은데 강변의 밤 물결 소리 뱃전에 밀려올 즈음.
반대편 바위 밑에서 사람의 그림자 어른거린다.
성진은 덕출의 무릎을 베고 어느새 잠이 들어 있다.

덕출 – (기척을 느끼며) 게 누구요? (짐작한 듯) 석이냐?

(대답이 없다) 석이로구나. 이리 올라오너라. 니 애비 금방 막 잠

들었다.

석이 - (고개를 떨군 채 배 위로 올라온다)

덕출 - 안 그래도 걱정했는데 어딜 갔다 온 게야?

내려가다가 아버지 못 봤더랬어?

난 두 부자가 함께 오는가 보다 여기고 있었는데 니 애비만 술에 취해서 비틀거리며 올라오길래 또 길이 엇갈렸나 했었지. 어디 있다 온 게야?

석이 - (말이 없다)

덕출 - 다 듣고 있었던 모양이로구나. 니 애비와 내가 한 말을.

석이 - (고개를 끄덕거린다. 여전히 말이 없다)

덕출 - 잘해드려야 한다. 니 애비 불쌍한 양반이야.

너 하나만 믿고 이제껏 살아온 거나 다름없다.

나나, 니 애비나 이제 살날이 머지않았어.

석이 - 제가 아직 철이 없는가 봐요, 아저씨.

덕출 - 아니다. 그런 게 아니고 나나, 니 애비나 다들 힘들게 살아서 응어리진 게 많아 그런 게야.

석이 - 실은요. 아저씨. 저, 내려가다가 이쪽으로 올라오는 아버지를 먼발치에서 봤어요. 그래서 가까이 달려가 "아버지!" 하고 불렀는데 세가 부르는 소릴 못 들으셨나 봐요. 그냥 제 곁을 스쳐 지나가시더라구요. 아는 체를 하려다가 그만두었지요. 그리고 그냥 아버지 그림자를 밟으면서 뒤에서 몰래 따라왔어요.

옛날 생각이 났어요.

덕출 - 옛날 생각?

석이 - 제가 어릴 때 말이어요. 다섯 살 땐가 여섯 살 땐가.

그때도 주막집에 있는 아버질 찾아 집을 나섰다가 길을 잃고 이 근방을 한참 동안이나 헤맨 적이 있었어요. 그러다가 저 밑에서 올라오는 아버질 우연히 발견한 적이 있었지요.

너무 반가워서 아버지 앞으로 달려갔는데 아버진 절 무심코 스쳐 지나가셨어요. 전 하릴없이 아버지 그림자를 동무 삼아 집으로 돌아왔었고요.

그때도 오늘처럼 이렇게 휘영청 달이 밝은 밤이었어요.

그 후로도 몇 번을 그랬었는걸요.

덕출 - 그런 일이 있었더랬어? 석이 네가 퍽이나 서운했겠구나.

석이 - 아니요, 아저씨. 왜 그랬는진 모르겠는데 아버지 등을 쳐다보면서 오던 길이 참 슬펐어요.

울음이 터지려는 걸 억지로 참았던 적도 있었는데요.

서운해서 그랬던 건 아니었고.

덕출 - 석아. 이리로 가까이 와서 달빛에 비친 니 아버지 잠든 모습 좀 봐라. (석이, 잠들어 있는 성진의 곁으로 다가간다)

석이 - 아버지가 저 때문에 그렇게 속상해하시는 줄은 꿈에도 몰랐어요.

덕출 - 녀석두. 부모 맘은 다 한가진 게야.

석아. 저기 하늘에 저렇게 떠서 온 세상을 비추는 달님이 있지?

니 아버지 얼굴을 한 번 쳐다보고 저 달님을 봐라.

석이 - (달을 바라본다)

덕출 - 저 달님 속에 석이 네 얼굴도 보이고 아버지 얼굴도 보이고 이 아저씨 얼굴도 솔이 얼굴도 석이 네가 그렇게도 보고 싶어 하는 어머니 모습까지 다 보이지 않니?

저 속에 이 세상 모든 그리운 것들은 다 들어 있단다.

석이 - (하염없이 달을 보고 있다)

덕출 - 내 오늘 같은 달밤에 어울릴 만한 얘기 한 자락 들려주랴?

석이 네가 좋아하는 먼 데, 아주 먼 데 얘기란다.

옛날 옛날에 말이다.

도미진나루라는 곳에 도미라는 목수와 그의 아내 아랑이 살았는데…….

나루의 가을밤은 점점 깊어가고 덕출의 이야기는 밤이 새도록 그칠 줄을 모른다.

— 「서산에 해 지면은 달 떠온단다」 중에서 『봄날은 간다』, 이매진, 2011

달님 속 그리운 얼굴들

세상의 모든 가족들에게

저는 '당신'이라는 말을 참 좋아합니다. 어디선가 이 편지를 받아볼 이름도, 얼굴도 모르는 여러분을 당신이라고 가만히 불러봅니다. 당신이 이 편지를 읽을 때쯤이면 무더운 여름도 저만치 달아나고 어느새 가을이 성큼 다가와 있겠네요. '가을'이라는 말은 '당신'이라는 말만큼 제 마음을 설레게 하지요.

'보름달 둥근달 동산 위로 떠올라 어둡던 마음이 대낮처럼 환해요.' 어릴 때 부르던 동요 중엔 유난히 달에 관한 노래가 많았지요. 동무들이랑 달맞이 가자는 노래도 있었고, 달 따라 가자는 노래도 있었고, 그런가 하면 계수나무 아래서 떡방아 찧는 토끼 이야기도 즐겨 했습니다. 환한 달빛을 받으며 시냇가에서 강강술래를 한 적도 있었지요. 그렇게 달님은 우리들 가까이 있었던 것 같습니다.

가을바람이 선선하게 부는 달밤이면 집 근처에 있는 산에 올라가 달을 바라보는 걸 좋아했었지요. 그렇게 한참을 아무 생각 없이 두 눈 가득 달을 품고 있으면 가슴에 쌓여 있던 온갖 시름과 걱정도 봄눈 녹듯 사라지거든요. 그래서 달의 아이처럼 늘 달 보기를 즐겼던 것 같습니다.

저는 어릴 때 아버지 얼굴을 보지 못하고 자랐습니다. 그저 사진으로 만났을 뿐이었고요. 게다가 먼 곳에서 장사를 하던 어머니와는 한집에서 산 날들이 한 달이 채 안 됐었지요. 자연스럽게 혼자 지내는 시간이 많았어요. 혼자 밥 먹고 혼자 놀고 혼자 공부하고. 그때도 밤하늘을 바라보는 일이 많았지요. 지금 내가 있는 이곳과 저 별까지의 거리가 참으로 아득하게 멀구나, 한숨을 쉬면서 말이지요. 그러면서 가족의 의미에 대해서 생각해보게 된 것 같습니다.

그 옛날 마포나루에서 소금을 팔던 희곡 속의 아버지 성진은 어머니 얼굴도 모르고 자란 아들 석이에 대한 미안함과 죄책감을, 술의 힘을 빌려 오랜 지기인 새우젓 장수 친구 덕출에게 털어놓습니다. 아버지의 속마음을 알게 된 아들은 아버지의 친구인 새우젓 장수 아저씨와 함께 나루에 뜬 달을 하염없이 바라봅니다. 달님 속엔 이 세상 모든 그리운 얼굴들이 담겨 있는 것일까요.

돌아오는 이번 추석엔 송편으로 달을 빚어 하늘에 걸어보세요. 그리고 달님에게 소원을 빌어보세요. 보고 싶은 사람, 그리운 얼굴들을 만나게 해달라고. 그렇게 세상에서 제일 귀한 사랑을 꼭 껴안아보세요.

최창근 올림

최창근

2001년 우리극연구소의 새 작가, 새 무대를 통해 희곡 「봄날은 간다」를 무대 위에 올리면서 작품 활동을 시작했다. 공연 작품으로 〈봄날은 간다〉 〈서산에 해 지면은 달 떠온단다〉 〈12월 이야기〉 〈13월의 길목〉 〈바람이 분다〉 등이 있다. 희곡집 『봄날은 간다』, 산문집 『인생이여, 고마워요』 『종이로 만든 배』가 있다. 동아연극상 작품상, 대산창작기금을 받았다.

송언의 편지

"정말이다. 너 같은 어린이가 바로 어른의 아버지다. 이리 가까이 오너라."

앞니 빠진 임진수는 쭈뼛쭈뼛 털보 선생님 앞으로 다가섰다. 털보 선생님이 와락 임진수를 끌어안았다. 임진수는 숨이 막혀 캑캑거렸다. 그러거나 말거나 털보 선생님은 임진수를 끌어안은 팔뚝에 힘을 풀지 않았다.

털보 선생님이 나지막이 입을 열었다.

"진수야, 한 가지만 물어보자. 할머니한테 왜 사실대로 말하지 않았어? 선생님이 날마다 혼내고, 엎드려뻗쳐 벌세우고, 야단치고, 머리꼭지에 콩콩 알밤 먹이고, 선생님의 두툼한 손바닥이 네 가녀린 목덜미에 철벅 휘감긴 것까지 할머니한테 죄다 일러바치지 그랬어, 응?"

임진수가 남생이처럼 목을 위로 쭉 밀어 올리며 말했다.

"그럼, 안 되죠."

"왜 안 돼?"

"에이, 그럼 선생님이 창피하잖아요."

앞니 빠진 임진수는 한마디 더 보탰다.

"저 때문에 선생님 마음이 슬퍼지잖아요."

털보 선생님은 다시 으스러져라 임진수를 끌어안았다.

— 『딱 걸렸다 임진수』 중에서   『딱 걸렸다 임진수』, 문학동네, 2011

어린이는 어른의 아버지

어린이를 닮고 싶은 어른들에게

　내 기억이 쓸 만하다면 '어린이는 어른의 아버지'라고 일러준 사람은 영국의 시인 워즈워드다. 그러니까 지금으로부터 40년쯤 전 고등학교 국어 교과서에 워즈워드의 시 「무지개」가 실려 있었는데, 그 시의 마지막 구절이 바로 '어린이는 어른의 아버지'였던 것이다.

　그때 나는 이 말을 이해하지 못했고 감당할 능력도 없었다. 대책 없이 문학을 사랑하는 소년이었으나, 그 참뜻을 헤아리지 못한 채 고개를 갸웃거리며 이렇게 넘겨짚었다. '어린이는 어른의 아버지'라는 구절은 어쩌면 시인의 말 비틀기에 지나지 않을지도 모른다고.

그러다가 말썽쟁이 표 은메달 '앞니 빠진 임진수'를 통해 '어린이는 어른의 아버지'라는 말이 얼마나 깊은 진실을 담고 있는지 화닥닥 깨달았다. 더불어 2000년 전에 예수가 힘주어 강조한 마태오복음 18장 2~3절의 비유도 분명하게 깨달을 수 있었다.

"예수께서 한 어린이를 불러 열두 제자 가운데 세우시고 가라사대 진실로 너희에게 이르노니 너희가 돌이켜 어린이와 같이 되지 아니하면 결단코 천국에 들어가지 못하리라."

나는 왜 까맣게 몰랐을까. 예수와 영국의 시인 워즈워드가 '어린이는 어른의 아버지'라는 진실을 훤히 꿰뚫고 있었다는 사실을……

송언 올림

송언

1982년 중앙일보 신춘문예에 소설이 당선되면서 글을 쓰기 시작했다. 지금은 소설 쓰는 일은 접고, 초등학교에서 아이들을 가르치며 동화 쓰기에 몰두하고 있다. 어린이책 『멋지다 썩은 떡』, 『잘한다 오광명』, 『김 구천구백이』, 『마법사 똥맨』, 옛이야기 『다자구야 들자구야 할머니』, 『꽃들이 들려주는 옛이야기』, 역사 이야기 『고구려』, 『아, 발해』 등이 있다.

염무웅의 편지

　우선 말할 수 있는 것은 간첩 깐수 사건이 어떤 점에서는 이 거대한 절망의 동토에서 찾아낸 작은 희망의 불씨라는 점이다. 체포 당시 정수일 박사는 방대한 자료와 상세한 각주가 붙은 『고대문명교류사』 원고의 마지막 부분을 손질하고 있었다고 한다. 그런데 잡히자마자 그가 끌려간 곳은 무지막지한 고문실이 아니라 관세법 위반자를 다루는 조사실이었다. 이것은 그의 국적이 필리핀이기 때문에 가능했던, 말할 수 없이 큰 행운이었다. 취조검사는 간첩혐의로 잡혀온 그의 학문적 열정을 알아보고 관계기관에 수소문하여 압수된 원고를 찾아다가 정리할 수 있도록 배려해주었다. 다른 사건도 아닌 간첩사건에서 이것은 예전에는 상상도 할 수 없는 일이었다. 그 검사는 공판정에서 정수일 박사에게 사형을 구형하면서 눈물을 흘렸다고 한다. 그 검사의 절절한 안타까움이 우리의 가슴에 그대로 전해져 오지 않는가!
　다음으로 내가 깐수 사건에 대해 풀지 못하는 의문은 북한당국이 왜 정수일을 공작원으로 남파했을까 하는 점이다. 그의 경력에서 알 수 있듯이 그는 성실함과 끈기를 겸비한 데다 10여 개 외국어에 능통한, 학자로서 갖추어야 할 조건을 고루 갖춘 드문 인재이다. 그러나 그런 만큼 그는 세상물정에는 좀 어두운 편이고 간첩으로서는 말하자면 무자격자였다. 물론 그가 남다른 민족감정의 소유자였던 것은 분명하다. 그러기에 그는 조선족 출신 중국인으로서의 보장된 미래를 포기하고 고생길이 되리란 예상에도 불구하고 조선국적을 선택했던 것이다. 따라서 그의 조국은 그의 능력과 소질이 가장 훌륭하게 꽃필 수 있는 일거리를 그에게 주는 것이 마땅하다. 그런데 이 뛰어난 학문적 재능의 소유자에게 얼토당토않은 공작원의 소임을 맡겨 죽음의 땅으로 내몰다니! 어떤 미사여구를 가지고서도, 그리고 어떤 상황적 조건을 이유로 들더라도 국가권력의 이 무참한 횡포를 변명하지 못할 것이다.

마지막으로 깐수 사건의 전 과정에 걸쳐 관세음보살 같은 존재가 배후에 숨어 있음을 놓쳐서는 안 된다. 그것은 바로 정수일 박사의 부인이다. 듣자하니 그의 부인은 정 박사가 단국대 교수로 있을 때 연구실 조교로 있다가 서로 친해져 결혼에 이르렀다 한다. 소설가 황석영 씨의 증언에 의하면 감옥에 와서 정 박사는 자기 아내에게까지 자신의 신분을 밝히지 않은 것을 못내 미안하게 생각했나고 힌다. 그런데 이때 신분이란 것이 북한공작원의 신분을 말하는 것인지 또는 필리핀국적의 아랍인 2세라는 신분을 말하는 것인지는 확실치 않다. 어찌 되었든 분명한 것은 그의 부인에게 있어 정수일이라는 사람은 공작원이든 아니든, 또 한국인이든 아랍인이든, 나아가 필리핀 국적이든 조선 국적이든 그런 것들이 본질적으로 중요한 것이 아니었다는 사실이다. 정수일의 신분이 어떻게 규정되었건, 심지어 북한에서 파견한 간첩이라고 떠들썩하게 발표된 다음에조차도 그녀는 그 모든 것에 구애받지 않고 변함없는 애정과 신뢰를 남편에게 보여주었다. 그녀는 간첩의 아내에게 가해질 수 있는 힘든 시련에도 굴하지 않고 남편이 부탁하는 책과 자료를 구하여 감방 안으로 들여보냈다. 그리고 정수일 박사는 이 옥바라지에 힘을 얻어 그 안에서 놀라운 학문적 업적을 쌓을 수 있었다.

그의 부인이 국적과 사상과 신분의 차이를 뛰어넘어 그의 남편 정수일에게서 본 것은 무엇이었던가. 죽음과 어둠의 신이 지배한 20세기의 고통과 좌절을 극복할 수 있는 희망의 씨앗이 있다면 그것은 틀림없이 정수일 박사의 부인의 깊은 눈에 띄었던 것과 같은 인간적 가치일 것이다. 민족이니 조국이니 하는 20세기적 화두보다도 정 박사 부인이 발휘한 것과 같은 더 부드럽고 더 근원적인 힘이 우리를 이끌고 가도록 21세기의 역사는 바뀌어야 한다고 나는 믿는다.

― 「깐수와 그의 시대」 중에서 『자유의 역설』, 삶창, 2012

민족사의 혼돈

새로운 가치관을 찾으려는 분들에게

우리나라에서 20세기 전반기는 식민지 시대였고 후반기는 분단 시대입니다. 지금도 분단은 끝나지 않았습니다. 어느 시대에나 삶은 힘들고 고통스런 것일 수밖에 없지만, 우리의 경우에는 그 정도가 더욱 심합니다. 올해는 휴전 60주년이 되는 해인데, 아직 한반도에는 평화 체제가 이룩되지 못했습니다. 총소리는 그쳤지만, 전쟁은 끝난 것이 아닙니다. 지난 역사가 말해주듯이 그 동안 수많은 사람들이 갖가지 이유로 억울하게 죽거나 곤욕을 치렀습니다. 그런데 그런 희생을 치렀음에도 우리 민족 내부의 갈등은 그칠 기미를 보이지 않고 있습니다. 참으로 비극적인 현실입니다. 어떻게 하면 이 비극을 극복할 수 있을까요. 앞으로 어떤 가치관을 갖고 살아야 이 세상을 더 평화롭게 만들 수 있을까요. 나는 이 글에서 '깐수 사건'을 소재로 해서 그 점을 잠시 생각해보려고 했습니다.

'깐수 사건'의 주인공은 정수일이란 분입니다. 그는 중국 동포 출신으로서, 1934년 지린성(길림성) 옌지(연변)에서 태어나 베이징 대학을 졸업하고 중국 외교부의 외교관이 되었습니다. 유능함을 인정받아 출세가 보장되었던 인물이었습니다. 그러나 그는 그 길을 버리고 그가 그때 조국이라 생각했던 북한으로 들어와 학자가 되었습니다.

그런데 웬일인지 북한 당국은 그를 학자로 머물러 있게 하지 않고 공작원으로 선발하여 필리핀 국적을 지닌 아랍인 2세로 위장시켜 남한으로 파견했습니다. '무함마드 깐수'는 그때 그가 사용한 이름이었습니다. 한국으로 들어온 그는 능숙한 아랍어 실력과 동서 문명 교류에 관한 탁월한 실력을 인정받아 대학교수가 되었습니다. 1992년에 출간된 『신라-서역 교류사』라는 책은 그해에 학계로부터 높은 평가를 받은 화제작이었습니다. 그러나 결국 서투른 간첩 활동이 들통 나 체포됩니다. 바로 이것이 소위 간첩 '깐수 사건'입니다.

재판 끝에 그는 그런 사건으로서는 예외적으로 7년 형을 선고받고 5년 만에 출감했습니다. 남한에 와서 결혼한 그의 아내는 남편이 간첩죄로 감옥에 있는 동안 정성껏 옥바라지를 했습니다. 이런 정성에 힘입어 그는 감옥 안에서도 성실하게 학문에 몰두할 수 있었습니다. 그리하여 그는 출옥한 이듬해부터 많은 연구 업적을 발표하게 됩니다.

정수일이란 분의 삶의 역정은 수많은 시련과 역경을 불굴의 정신으로 이겨낸 한 인간 승리의 기록이라 할 수 있습니다. 그것은 힘든 시대를 사는 우리 모두에게 깊은 감동을 줍니다. 동시에 나는 그의 부인을 주목해야 한다고 생각합니다. 내가 「깐수와 그의 시대」라는 글에서 마지막으로 지적하고 싶었던 것은 정수일 박사의 부인을 통해 실현된 한없이 포용적인 인간애입니다. 사상도 이념도 또 국적도 넘어선 그 헌신적인 자세야말로 우리가 믿고 기댈 21세기 희망이라고 생각합니다.

염무웅 올림

염무웅

1964년 경향신문 신춘문예에 문학평론이 당선되어 등단했다. 1967년 『창작과 비평』 편집에 참여했고, 현재는 편집자문위원이다. 자유실천문인협의회 창립에 관여했고, 그 후신인 한국작가회의 이사장을 거쳐 현재 상임고문을 맡고 있다. 평론집 『한국문학의 반성』 『민중시대의 문학』 『혼돈의 시대에 구상하는 문학의 논리』 『문학과 시대현실』 등이 있다. 단재상 문학부문, 팔봉비평문학상, 요산문학상, 대산문학상 평론부문 등을 수상했다.

신정일의 편지

나는 되도록 사람이 다니지 않는 길을 택했다. "나만의 길을 만들어 그 길을 걸었다." 그러면서 조금 얼굴을 아는 정도면 길가에서 마주치더라도 모른 체 외면하고 길을 가기 일쑤였다.

지금 생각하면 밥값도 못 하고 무위도식하는 나를 어느 누구도 뭐라고 하는 사람이 없었다. "너 무엇을 어떻게 하며 살 것이냐." 아무도 묻지 않았고 걱정해주는 사람도 없었다. 중요한 것은 저마다 다 하나같이 바빴다는 사실이다. 하지만 그것이 내게는 어쩌면 행운이었고 한편에서 보면 슬픔이었다고 할까?

어머니는 가끔씩 나에게 용돈을 주었고, 어쩌다 한 번씩 일을 나가 돈을 벌면 그 돈을 가지고 전주로 나가 보고 싶은 책을 사서 보았고, 그것이 나의 하나밖에 없는 출구였다. 그러나 대부분은 산과 벗하며 혼자서 지냈고 임실에 있는 날은 하루 종일 방 안에서만 있는 날이 많았다.

"아침 일찍 바르나바스가 성에 가겠다고 하는 말을 들으면, 나는 마음이 무거워져요. 아무리 보아도 헛수고만 하고 허탕만 치는 하루, 아무리 생각해도 도무지 소용이 없고 보람도 없는 나날, 아무리 살펴보아도 허무하기 짝이 없고 공전만 거듭하는 희망, 이러한 모든 것들이 도대체 무엇이란 말일까?"

그 무렵 내가 읽었던 프란츠 카프카의 『성』에 나오는 구절처럼 아무런 희망도 없이 보낸 시절이 그 시절이었다.

나는 밥을 먹기 위한 최소한의 가사노동(밥을 하고 물을 긷고, 방에 불을 때는)을 할 수 있을 뿐이었고, 부모님은 겨우 가족들에 대해 최소한의 생계를 책임질 수 있는 돈을 벌 수 있을 뿐이었다. 할머니와 보내는 진안 생활이 싫증이 나면 임실로 갔고 그곳에서도 갑갑하면 다시 진안으로 갔다. '바다에 가면 산이 그립고 산에서는 바다를 그리워한다.'는 옛말처럼 시계추처럼 이리 가고 저리 가며 방황하던 시절이었다.

"인간은 방황하면서 배우기 때문에, 규칙적으로 방황하는 것은 더욱 좋은 것이다."라고 말한 괴테의 『빌헬름 마이스터의 수업시대』에서처럼, 임실에서 백운으로 백운에서 임실로 오가던 시절이 그 시절이었다. 가까운 친구 하나 없이 철저히 익명으로 살았던 시절, 아는 사람을 만나게 되면 무조건 피했다.

차비가 있으면 차를 타고 갔는데, 되도록이면 어둠이 자욱히 내릴 무렵에 도착하는 버스를 탔다.

어둠 속에서 아무도 모르게, 누구의 눈에도 안 띄도록 걸어갔던 길, 그 길, 그 길을 걸어가며 그 길에게 나만이 가야 하는 나의 길을 물었다.

"나는 도대체 어디로 가고 있는가?" 하고.

― 「임실에서 백운을 오간 시절」 중에서 『느리게 걷는 사람』, 생각의나무, 2010

책을 연애하듯 읽고 공부를 노는 것처럼 하십시오

공부와 책 읽기에 지친 청소년들에게

'책을 연애하듯 읽고 공부를 연애하듯 할 수는 없을까?'

그 시절을 회고하면 나는 오로지 책과 어디든 내 앞에 펼쳐진 길에서 놀았다고 볼 수 있습니다. 그렇기 때문에 누가 선정해준 게 아니라 책을 통해서 다른 책을 알게 된 나는 그 책들을 마치 연애하듯, 아니 신명 나서 놀듯 읽고 또 읽었습니다.

그래서 나를 인터뷰한 박원순 씨(현 서울 시장)는 다음과 같은 글을 남겼을 것입니다.

"그는 내가 만난 이들 가운데 유독 다른 사람의 말을 많이 인용했는데 이도 그러한 배경의 소산이 아닐까 싶다. 시의적절하며, 구체성을 더해주는 그 인용들은 그의 말을 더욱 풍부하게 했다. 그에게 그 많은 책이야말로 좋은 스승이었을 것이다."

많은 사람들은 나를 두고 '천재'라고 합니다. 그러나 나는 나를 천재라고 여겼던 적이 한 번도 없습니다. 단지, 내가 좋아하는 책을 사랑에 눈뜬 사람이 연애하는 것처럼 그렇게 절실하게 읽었을 뿐입니다.

그래서 시험을 보기 위해서나 취직하기 위해서가 아닌, 책 읽는 즐거움을 위해서 읽었기에 그 많은 책 속의 구절들이 스펀지에 물이 스미듯 가슴속에 들어와 박힌 것입니다.

달리 말하면 잘 노는 것처럼 책을 읽었습니다. 잘 논다는 것은 스스로가 즐거울 때가 아니면 가능하지 않습니다. 어떠한 장애도, 어떠한 경계도 없는 상태에서만 잘 놀 수 있습니다. 잘 논다는 것은 그렇게 즐거울 수가 없고 몸과 마음이 혼연일체가 되어 모든 것으로부터 벗어날 수 있습니다. 그것이 잘 노는 것입니다.

그런데, 그렇게 잘 노는 것이 가능할까요? 그게 문제지요. 다른 모든 것을 노는 것처럼 할 수 있다면 얼마나 좋을까요?

하지만 세상은 그렇게 되어 있지 않습니다. 잘 노는 것은커녕 지겨움으로, 의무감으로, 책을 읽고 공부를 하기 때문에 아무리 시계를 보아도 시간이 가지 않습니다. 하기 싫은 공부, 보기 싫은 시험, 쓰기 싫은 글 등 의무감 또는 책임감과 먹고살기 위하여 할 수밖에 없는, 그런 것들이 도처에 가득합니다.

신정일 올림

신정일

사단법인 '우리땅걷기'의 이사장으로, 활발한 역사 관련 저술 활동과 함께 이 땅 구석구석을 걷는 작가이자 도보 여행가이기도 하다. 「조선을 뒤흔든 최대의 역모사건」 「한국사의 천재들」 「그곳에 자꾸만 가고 싶다」 「대한민국에서 살기 좋은 곳 33」 「가치있게 나이드는 연습」 「신정일의 새로 쓰는 택리지」(총 10권) 등이 있다.

그대, 누구에겐가 다 전하지 못한 말들이 있는지요.

꼭 한마디 듣고 싶었던 말들이 있는지요.

따뜻하게 안아주는 한마디 말에 목멨던 적이 있는지요.

편지 셋

박형준의 편지

빗속에서 밀가루 떡 냄새가 난다.
창을 활짝 열어둔다.

어린 시절 머리맡에 놓인
밀가루 떡 한 조각.
동구의 밭에서 일하던 아버지가
점심 무렵 돌아와
막내를 위해 만들어주던 밀가루 떡.

누군가의 머리맡에
그런 시 한 편 슬몃 밀어놓은 날 있을까.
골목의 빗속에서
아무 맛도 없이 부풀어가는

— 「별식(別食)」 『생각날 때마다 울었다』, 문학과지성사, 2011

아버지의 밀가루 떡

아버지의 사랑을 깨닫고자 하는 분들에게

　아버지가 다른 세상으로 가신 후 어린 시절 아버지가 내게 만들어주던 밀가루 떡에 대해 생각하는 날이 많아진다. 이스트만 넣고 부풀린 밀가루 떡에서는 술 냄새 비슷한 것만 나고 아무 맛도 없었다. 점심 무렵 동구의 밭에서 일하다 돌아온 아버지는 부엌에서 달그락대다 숭숭 구멍이 뚫린 밀가루 떡을 쟁반에 얹어 방바닥에 엎드려 공부하는 내 옆에 슬쩍 밀어놓곤 나가셨다. 어떤 때는 그 맛없는 떡을 머리맡에 놓아두고 잠이 들곤 했다.

　아버지는 참 말씀이 없으셨다. 마당에 낙엽이 내리면 낙엽을 쓸고, 새벽에 일어나시면 서둘러 밥을 먹고 밭에 나가 그런 낙엽 같은 채소를 길렀다. 아버지가 기른 채소는 식구들이 배불리 먹을 수도 돈이 될 수도 자식들을 가르칠 수도 없는, 그저 아버지의 삶이 충실했음을 보여주는 당신만의 증거였을 뿐이었다. 그것은 낙엽처럼 아름답고 헛된 삶이었다. 그런데 아버지가 저세상으로 가신 뒤, 나는 한시도 아버지 생각을 머릿속에서 잊은 적이 없다. 내게는 평범에 대한 증오 같은 것이 있었다. 나는 시를 천재성이 없으면 쓸 수 없는 것이라고 믿었고, 젊은 날을 그렇게 살아왔고, 그 말을 듣기 위해 남모르게 셀 수 없는 밤을 파지로 흩날렸다.

　그런데 아버지는 내게 그 맛없는 떡 한 조각을 남겨주시고 세상을 뜨셨다. 어린 시절 머리맡에 놓여 있던 그 밀가루 떡. 그때

맛이 없다고 먹지 않았던 무미(無味)한 떡 한 조각이 이제 내게는 평생 써야 할 시가 되었다. 낙엽 같지만 헛되고 아름다웠던 아버지의 노동. 그 빈궁은 너무나 절실해서 말이 되지 못하고, 그 침묵의 안쪽에 들끓는 가족애는 어린 막내의 옆에 가만히 놓아둔 밀가루 떡이 되었다. 앞으로 나는 그런 맛없는 시를 세상 한편에 부끄럽게 놓아두고 싶다.

박형준 올림

박형준

1991년 한국일보 신춘문예에 시「家具의 힘」이 당선되어 작품 활동을 시작했다. 시집『나는 이제 소멸에 대해서 이야기하련다』『빵냄새를 풍기는 거울』『물속까지 잎사귀가 피어 있다』『춤』『생각날 때마다 울었다』가 있다. 동서문학상, 현대시학 작품상, 소월시문학상, 육사시문학상 등을 수상했다.

송경동의 편지

대전역 내리니 연계된 기차가 없었다
오늘은 여기서 자고 가야겠다고 생각하니
막막해졌다 우선 짐을 맡기러 물품보관소에 가니
11시 52분, 오늘까지는 1200원인데
내일이 되면 가산요금이 붙는다고 한다
교각 아래 텅 빈 플랫폼을 보며 8분을 기다린다

오늘은 여기서 자고 가야겠다고
마음을 내려놓았지만 너의 문은 열리지 않았다
지친 몸을 뉘어야 하는데
아침이면 또 먼 길을 떠나야 하는데
너는 오늘은 안 된다고 했다
나는 갈 곳 잃은 새처럼 거리를 헤매거나
초라한 마차에서 혼잣술에 입부리를 적셔야 했다

0시 1분, 오늘은 여기서 자고 가야겠다고
보관함에 짐을 부렸는데
벌써 떠나야 할 오늘이 되어버렸다는 서글픔

언제였던가 그때도 나는
오늘은 여기서 자고 가야겠다고
이 별에 고단한 짐을 부렸지
행복했던가 따뜻했던가

어디라도 가서 몸을 뉘어야 하는데
내일 다시 가야 할 새로운 정거장들만이
저 하늘에 하나둘 그리운 별빛으로 떠올라 있다
깃들일 곳 하나 없이
뜬눈으로 새우다 가더라도
나는 오늘밤 이 별에서 자고 가야 한다

— 「오늘은 여기서 자고 가야겠다」, 『사소한 물음들에 답함』, 창비, 2009

그대도 오늘 밤, 이 별에 계신지요

그대에게

그대도 오늘 밤, 이 별에 계신지요.
어디에서 고단한 몸을 누이시는지요.
당신을 따라 당신의 가난한 꿈도 함께 누이시는지요.

당신의 꿈은 어떤 여행 가방에 담겨 있는지요. 혹 어떤 작업복 가방 속에 넣어 다니시지는 않는지요. 빈 지갑 속에 넣어 다니시지는 않는지요. 내지 못한 채 호주머니 속에서 너덜거리는 고지서 같은 곳에 담겨 있지는 않는지요.

그대도, 누구에겐가 다 전하지 못한 말들이 있는지요.

수백 번, 수천 번 전했지만 닫힌 마음의 문 밖에서 버려진 아이처럼 서러워 울었던 말들이 있는지요. 깃들 곳 없이 수천 리 길을 날아야 했던 외로운 말들이 있는지요. 꼭 한마디 듣고 싶었던 말들이 있는지요. 따뜻하게 안아주는 한마디 말에 목멨던 적이 있는지요. 어디로도 갈 곳을 잃고 낯선 거리를 한없이 걸어본 적이 있는지요. "이렇게 꼭 살아야 하나." 낯선 여인숙에서 혼자 흑흑거려본 적이 있는지요.

그대도 오늘 밤, 이 별에 계신지요.

내가 그대를 그리워하는 만큼, 그대도 누군가를 그리워하고 있는지요.

내가 행복을 꿈꾸는 만큼, 그대도 행복하기를 간절히 빌고 있나요.

사는 건 무엇을 얻는 일이 아니라, 무엇을 잃어야 하는지를 배우는 일이라는 것을 조금은 알 것도 같은 오늘.

사는 건 무엇을 가지는 일이 아니라, 가질 수 없는 것들이 얼마나 많은가를 배우는 일이라는 것을 조금은 알 것도 같은 오늘.

그리워하는 일만이 사랑하는 일의 전부라는 것도 알 것만 같은 오늘.

그대는 어느 별로 떠나가고 있나요.

나는 다시 어느 별로 떠나야 할까요.

당신을 만나 아팠지만, 당신을 만나 행복했습니다.

당신이 나의 작은 우주였고, 지구였습니다.

차마 하지 못할 말이

안녕! 이라는 말입니다.

송경동 올림

송경동
2001년 『내일을 여는 작가』와 『실천문학』을 통해 작품 활동을 시작했다. 구로노동자문학회, 전국노동자문학연대와 함께 활동했다. 시집 『꿀잠』 『사소한 물음들에 답함』, 산문집 『꿈꾸는 자 잡혀간다』가 있다.

이민호의 편지

    삼양동 빨래골 오르막을 짐자전거 한 대가 휘휘 청청 오르고 있습니다. 곧 해 질 것 같은데 눈부시지는 않지만 운선처럼 어여쁜 여인이 짐칸에 앉았습니다. 사내는 참 울퉁불퉁 투박하기도 하여 허이허이 속으로 외치며 고래 숨 내듯 씩씩대며 페달을 밟습니다. 여인은 아름답게 고즈넉하고 사내는 안간힘 속에 즐거운 낯빛입니다. 그들은 애초부터 저렇게 살기로 하고 만난지도 모르지만 누가 누구의 아름다움에 반해 마음을 허락했는지는 흐르는 물에 발을 담가본 사람은 어느 정도는 알 일이 아니겠습니까. 끌고 가던 소는 팽개치고 벼랑 끝 꽃을 따 남의 부인에게 바쳤던 어느 노인의 수고가 참 아름답기는 아름답다고 전해오는 얘기도 있기는 있기 때문입니다.

— 「삼양동 헌화가」, 『피의 고현학』, 애지, 2011

당신이 나를 부끄럽게 여기지 않는다면

**서너 살 아기들이 포켓몬스터에 열광하는 까닭을
굳이 알려주고 싶은 사람들에게**

　삼양동 빨래골은 오르락내리락 가파릅니다. 퇴근길, 짐자전거 한 대가 눈에 들어왔습니다. 짐칸에 여인이 비스듬히 타고 있었습니다. 한 손으로 짐받이 쇠막대를 잡고 다른 한 손을 다소곳이 무릎에 얹은 몸맵시가 노을과 함께 눈부셨습니다. 오르막에 이르러 그녀를 싣고 가는 사내가 있다는 걸 알았습니다. 전혀 어울릴 것 같지 않은 둘 사이는 무얼 갸웃대며 '여자의 아름다움 때문에 저 사내는 힘겨움을 마다하지 않았을 거야. 그래서 부부의 연을 맺었을 거야' 생각하다 문득 『삼국유사』에 나오는 '수로부인' 설화가 떠올랐습니다.

　왜 노인은 죽음을 무릅쓰고 수로부인에게 찔레꽃을 꺾어 바쳤을까요? 여러 설이 있지만 대부분 수로부인의 아름다움 때문이라고 말합니다. 그런데 헌화(獻花) 행위는 절대미의 추구, 불교적 구도의 완성, 주술 등 어떤 뜻으로 읽어도 다 수로부인이 중심입니다. 사실 따르던 하인들은 꽃 꺾어주길 거절했습니다. 그들도 수로부인의 아름다움에 마음을 빼앗기지 않았을 리 없는데 말입니다. 왜 노인만이 그렇게 무모했던가요? 노인은 조건을 달았습니다. "당신이 나를 부끄럽게 여기지 않는다면, 바로 그렇다면" 하고. 이 순간 이야기의 주체가 노인으로 바뀐다는 것을 눈치챘

나요? 그렇습니다. 짐자전거를 힘겹게 끌고 가는 그 사내가 즐거운 낯빛일 수 있는 것은 여인의 미추(美醜)를 떠나 한 인간으로 인정받았던 매혹의 역전이 있었을 겁니다.

　흐르는 물에 발을 담그고 있을 때 그 물은 어느 때의 물인가요? 언제나 현재이며 언제나 새로운 물입니다. 그렇지 않다면 물은 흐를 수 없습니다. 아름다움을 소유하는 것은 어렵지 않은 것 같습니다. 그러나 아름다움을 위해 자기를 버리기는 쉽지 않습니다. 누가 누구에게 매혹되는 것이 아니라, 변화와 변신의 코페르니쿠스적 전환에 매혹되는 것이 아닐까요? 그래서 아이들은 이 순간에도 텔레비전 앞에서 포켓몬스터의 영원불멸한 변신에 열광하는 것이 아닐까요?

이민호 올림

이민호
1994년 문화일보로 등단하여 시집 『참빗 하나』, 『피의 고현학』이 있다. '거와 미' 동인이며 '리얼리스트100' 회원이다.

심보선의 편지

우리가 영혼을 가졌다는 증거는 셀 수 없이 많다.
오늘은 그중 하나만 보여주마.
그리고 내일 또 하나.
그렇게 하루에 하나씩.

— 「말들」 『눈앞에 없는 사람』, 문학과지성사, 2011

영혼의 증거

누군가에게 간절히 말하고 싶은 사람들에게

 영혼은 무엇일까요? 영혼은 어떤 형태를 가지고 있을까요? 영혼은 어떤 목소리를 가지고 있을까요? 영혼은 인간 마음속의 별자리일까요? 거대한 구멍일까요? 하나의 심리적 현상일까요? 상태일까요? 자의식일까요? 무의식일까요? 우리는 영혼에 대해 정확히 알지 못합니다. 하지만 영혼이 존재한다는 증거는 알고 있습니다. 그것은 바로 '말'입니다. 의사소통 수단으로서의 말이 아니라 누군가에게 간절히 전달하고 싶은 그런 말입니다. 때로는 말이 통하지 않을 때라도, 메시지 전달에 실패할지라도, 소통이 불가능할지라도 우리는 서로에게 귀를 기울이고 말합니다. 우리는 심지어 알아듣지 못하는 외국인의 말에도 고개를 끄덕입니다. 그의 눈을 바라보면서 마음속으로 이렇게 말합니다.

'응, 응, 말해봐, 더 말해봐, 그래, 응, 그래, 무슨 말을 하려는지 알 것 같아, 조금만 더 말해봐, 그럼 알 것 같아, 난 최선을 다해 들을게, 당신은 최선을 다해 말해줘, 그래, 그래.'

그것은 우리가 어떤 몸짓을 말 속에서 발견하기 때문입니다. 말이 영혼의 마임으로 우리에게 다가오기 때문입니다. 그때 대화는 그저 커뮤니케이션이 아닙니다. 그것은 본질적으로 영혼이라는 동그란 돌을 주고받는 놀이인 것입니다. 이 놀이가 멈출 때, 우리의 영혼은 우리 안에서 멸종될 것입니다. 더 이상 나무와 나무 사이를 오가지 않는 새처럼 말입니다.

심보선 올림

심보선

1994년 조선일보 신춘문예에 시 「풍경」이 당선되면서 등단했다. 『슬픔이 없는 십오 초』, 『눈앞에 없는 사람』 등이 있다. '21세기 전망' 동인으로 활동하고 있으며 경희사이버대학교 문화예술경영학과 조교수로 재직 중이다. 김준성문학상을 수상했다.

유홍준의 편지

오늘은 장사 잘 되기로 소문난 우리 동네
중국집 오토바이의
행동반경에 대하여 생각한다

중국집 오토바이의 1일 배달횟수가 아니라 행동반경에 대하여!

누가 아이를 키워
중국집 오토바이를 타게 하고 싶으랴

누가 아이를 키워 제 동네만 뺑뺑 돌게 하고 싶으랴

(하루에도 수백 번, 제 동네를 도는 아이는
결국 정신이 돌 수밖에 없다는 속설……)

그러나 오토바이는 아름답고
자장면은 맛있고
저 중국집 오토바이가 없다면 안 돼
나는 저 중국집 오토바이가 지나갈 때마다 꽁무니를 바라봐

행동반경이 좁다는 것은 뱅뱅뱅뱅뱅 돌아야한다는 말
정신없이 바쁘게 살아야한다는 말

책 몰라 여행 몰라 취미 몰라
그런 건 다 몰라
오늘도 정신없이 돌아다니는 우리 동네 오토바이

— 「중국집 오토바이의 행동반경에 대하여」 『저녁의 슬하』, 창비, 2011

공부를 못해도 잘 살 수 있어요

공부 못하는 사람들에게

얼마 전에 '월미도'란 간판을 단 조개구이집엘 갔어요. 불판 위에 올려진 갖가지 어패류들이 익어갈 즈음, 아주 젊고 씩씩한 청년 하나가 다가왔지요. 쓱싹쓱싹 익어가는 조개를 뒤집고, 벌리고, 속살을 잘라주었어요.

무엇보다도 그는 그 일을 즐기는 것 같았어요. 우리 일행은 그 모습을 보며 "참 잘한다!"고 칭찬을 해주었지요. 그러자 그 청년은 신이 나서 자기가 하는 일에 대한 자긍심과 포부에 대해 줄줄이 풀어놓더군요. 짧은 머리에 짧은 손가락과 거침없는 말솜

씨, 이 사람 저 사람 말대꾸를 다 해주면서도 제 할 일을 하는, 식당일을 오래한 아주머니의 노련함 같은 것이 이미 그에게 있었어요.

그는 대학 갈 필요가 없다고 했어요. 대학 가서 몇 년 허송세월할 필요가 없다고. 그는 장사를 배워 멋지게 성공하고 싶다고 했어요. 돈만 있으면 얼마든지 좋은 대학 나온 배우자를 골라 결혼할 수도 있다고요. "요즘 여자애들요, 대학 나와서 빌빌거리는 놈보다 저 같은 사람을 선택할걸요." 그 청년은 유쾌한 웃음을 남기고 다른 테이블로 갔어요. 우리 일행은 "저놈 참~"이라고 말끝을 흐리며 흐뭇하게 바라보았지요. 물론 그 청년의 말이 전적으로 다 옳은 건 아니었지만요.

중국집 오토바이를 타는 청년들도 그랬으면 좋겠어요. 신호를 무시하고 달려나가는 프로, 차량과 차량 사이에서 곡예를 하며 멋지게(?) 빠져나가는 그런 프로가 아니라 자기 직업에 대한 확신과 미래에 대한 꿈을 가진 프로였으면 좋겠다고요.

어차피 삶은 제 행동반경 안에서 뱅뱅뱅 도는 거예요. 별거 없어요. 짜장면이 맛있는 건 우리 입술에, 우리 마음에, 우리 관계에 무언가를 잔뜩 묻히며 먹기 때문이에요. 공부를 잘하건 못하건, 좋은 학교를 나왔선 안 나왔건 그런 건 아무 상관도 없어요. 우리 동네에 짜장면집이 없다면? 말도 안 돼요, 말도 안 돼. 나는 다른 동네로 이사 가버릴 거예요. 마음 맞는 친구랑 짜장면 두 그릇을 앞에다 놓고 마주 앉으면 얼마나 좋다고요.

참, '월미도' 청년은 다 좋았는데 돈을 너무 밝혀서 그게 좀 문제였어요. 돈이 인생의 전부는 아닌데 말이에요. 그렇지요? 하여간에 주눅 들 필요 없어요. 남들하고 비교할 필요도 없고요. 소신껏 자신의 일에 최선을 다하면 멋지고 행복해져요.

우리 모두 즐겁게 일하고 행복하게 살아요. 파이팅!

유홍준 올림

유홍준
1998년 『시와 반시』 신인상에 「지평선을 밀다」 등이 당선되어 등단했다. 시집 『喪家에 모인 구두들』 『나는, 웃는다』 『저녁의 슬하』가 있다. 젊은시인상, 시작문학상, 이형기문학상을 수상했다.

길상호의 편지

당신은
새벽 첫눈을 뭉쳐
바닥에 내려놓았네

그것은
내가 굴리며 살아야 할
차가운 심장이었네

눈 뭉치에 기록된
어지러운 지문 때문에
바짝 얼어붙기도 했네

그럴 때마다
가만히 심장을 쥐어오던
당신의 손,

온기를 기억하는
눈의 심장이

가끔 녹아 흐를 때 있네

―「눈의 심장을 받았네」 『눈의 심장을 받았네』, 실천문학사, 2010

나를 굴리는 눈사람

삶을 굴리는 일에 지친 사람들에게

　북으로부터 불어오는 바람이 계절의 온도를 낮추고 있습니다. 이맘때가 되면 저는 고향 마을을 자주 떠올립니다. 그곳에는 마음을 따뜻하게 만들어주는 기억들이 많기 때문입니다. 그런데 기억의 한쪽엔 늘 외롭게 서 있는 한 사람도 있습니다. 그는 닫힌 대문 앞에서 꼼짝도 하지 않습니다. 하염없이 누군가를 기다리는 것처럼 말이지요.

　그는 첫눈이 내린 어느 날 다섯 살 무렵의 제가 쌍둥이 동생과 함께 만든 첫 번째 눈사람입니다. 벌겋게 달아오른 고사리손을 호호 불어가며 굴린 두 개의 눈덩이, 돌멩이 눈과 나뭇가지 입을 달아주고서 우리는 그렇게 즐거울 수가 없었지요. 하지만 눈사람은 하루하루 짧은 겨울 햇볕에 녹아 사라졌고, 그 모습을 보면서 어린 마음에 눈물을 흘리기도 했습니다.

　살아가는 일도 눈사람 하나 세우는 것과 다르지 않다는 생각이

듭니다. 모두들 자신을 처음 뭉쳐놓은 어머니와 아버지를 굴리며 살고 있지요. 그 깨끗한 눈 뭉치에는 자식을 향한 마음이 지문처럼 선명히 찍혀 있을 것입니다. 누구에게나 사랑받는 사람이 되길 바라는 마음이. 그러나 이러한 부모님의 바람대로 살아가는 게 쉽지는 않지요. 때로 오물이 붙어 더럽혀지기도 하고 돌부리에 찍혀 깨지기도 하면서 눈물 흘릴 때가 많습니다. 온전한 눈사람으로 설 수 있을까 막막해지는 날도 있지요. 그렇더라도 두 개의 눈 뭉치만 남아 있다면 포기해서는 안 되겠지요. 사람 하나를 세우고 끝내야 하는 게 우리의 삶이니까요.

올해도 깨끗한 눈이 내려서 새로운 눈밭을 펼쳐놓을 것입니다. 다 녹아버리기 전에 굴리다 만 눈덩이를 다시 잡아야겠습니다.

김상호 올림

길상호

2001년 한국일보 신춘문예에 시가 당선되어 등단했다. 시집 『오동나무 안에 잠들다』 『모르는 척』 『눈의 심장을 받았네』가 있다. 현대시동인상, 천상병시상 등을 수상했다.

윤석정의 편지

젓가락으로 술상을 치며

박자를 넣는 아버지의 뽕짝 몇 곡

육십칠 마디 말을 뱉어 낸 듯 쉰 목소리

내리 살아 버린 세상이 내게로 건너와

내가 젓가락처럼 가늘다는 생각

목청으로 내는 가락이 구구절절할 때마다

내가, 내가 아는 내가 아니라는 생각

오늘 밤은 타화자재천 술상을 치며

뽕짝 뽕짝 뽕짜자작짝 아버지 세상으로 간 날

― 「타화자재천(他化自在天)」 「오페라 미용실」, 민음사, 2009

아버지의 노래

아버지에게 사랑한다고 말하려다가 못 해본 사람들에게

　2008년이었던가요. 서울 방문이 드무시던 아버지가 그날 작은 누나 집에 계셨습니다. 농군이신 아버지는 어쩌다가 서울에 갈 일이 생기더라도 가축들을 돌봐야 한다며 어머니를 대신 보내시곤 했죠. 그런데 그날은 특별히 서울에 오셨습니다. 뚝섬에서 홀로 사시는 고모의 칠순 날이었기 때문입니다.

　제 할머니는 아버지를 낳으시고 돌아가셨습니다. 아버지가 아홉 살이 되던 해에 전쟁이 발발했는데 그 당시 식모살이를 갔던 고모와 아버지는 십여 년이 지나서야 눈물의 상봉을 했답니다. 아홉 살이었던 아버지에게 지게를 짊어지도록 했던 새어머니보다 고모의 품이 더 따뜻했을 겁니다.

　그 후 아버지는 고모를 어머니처럼 의지했고 고모도 아버지를 끔찍이 아꼈죠. 저는 오랫동안 두 분의 우애를 지켜봤습니다. 그러니 고모의 칠순 날에 아버지가 어찌 기뻐하지 않을 수 있을까요. 자식이 없던 고모는 아버지를 아끼는 만큼 저희 형제들을 자식처럼 여겼지만 저희는 조촐한 식사밖에 준비를 못 했습니다.

그날 저녁, 식구들이 작은누나 집에 모였습니다. 아버지는 연신 아주 기분이 좋네, 하시며 거나하게 취하셨고 밤이 늦도록 맛깔스러운 뽕짝을 부르셨죠. 이웃들의 항의를 몇 차례 듣고서야 노래는 잠잠해졌습니다. 저는 흘러간 노래로 아버지가 살아오신 세월을 들었으며 아버지의 세상을 어렴풋이 가늠했습니다. 지독한 가난을 대물림하지 않으려고 뼈가 부스러지도록 땅을 일구셨던 아버지, 그토록 고된 삶을 어떻게 견디면서 지내셨을까요. 구슬펐던 노랫가락처럼 제 마음이 먹먹해지고 아팠습니다.

그날 저는 쑥스럽고 낯 뜨거워 한 번도 아버지에게 말하지 못했던 그 말을 하려 했습니다. 사랑해요, 라는 말이 목구멍에 꽉 차올랐는데 끝내 저는 그 말을 입 밖으로 꺼내지 못했습니다. 말하지 않아도 다 아는 거 아냐, 라며 저는 궁색한 변명만 늘어놓습니다.

「타화자재천」은 아버지의 즐거움이 제게 전해졌던 그날의 이야기입니다. 아버지의 즐거움을 저는 다 알 수 없었으나 그날의 아버지의 노래와 저의 마음을 시에 담았습니다. 아버지는 기분이 좋다고 하셨으나 참 구슬픈 뽕짝들이었고 저는 뭐라 말할 수 없는 벅찬 감정을 느꼈던 까닭입니다.

아버지에게 사랑한다고 말하려다가 못 해본 분들이 많이 있으시죠. 더군다나 저처럼 아버지를 꼬옥 안아본 적도 없지 않나요. 이번에 저는 용기를 내려고 하는데 그대는 어떤가요. 어색한 표현도 자꾸 쓰면 익숙해지는 법이겠죠. "아버지! 사랑합니다." 이렇게 말해도 괜찮겠죠.

윤석정 올림

윤석정
2005년 경향신문 신춘문예로 등단했다. 시집 『오페라 미용실』이 있다.

이영주의 편지

　쪽문 옆에서 언니는 잠이 든다. 저녁이면 마당에서 펄럭이는 셔츠의 한쪽 소매를 만지던 언니. 동생은 더러워진 빨래에 대해 단 한 번도 말하지 않는다. 하늘을 날지 않는 새들은 동작을 멈출 줄 아는 도롱뇽 같아. 끝에 닿기 전에 한 번쯤 정지하는 일 말야. 언니는 동물도감을 펼치고 도롱뇽 꼬리를 부엌칼로 잘라 낸다. 쪽문을 드나들다 키가 큰 언니는 매일 밤 흰 목을 구부린다. 난간에 걸친 달이 몸속에 뼈를 세울 때마다 언니는 어깨가 아프다. 그를 찾아가도 될까? 이제 더 이상 손발이 자라지 않으므로 언니는 밤마다 짐을 꾸린다. 오늘의 달은 구겨진 흰 셔츠처럼 마당에 떨어진다. 쪽문을 떠나기 위해 언니는 립스틱을 바르고 깊은 잠 속으로 들어간다. 거기서 묵을 곳은 분화구밖에 없어. 달의 도면을 펼치고 도롱뇽이 분화구 구멍 안으로 기어 들어간다.

　　─「첫사랑」 『언니에게』, 민음사, 2010

사랑은 도롱뇽처럼

첫사랑의 설렘과 두려움에 시달리는 소심한 사람들에게

　좋아하는 일보다 이상하고, 부담스럽고, 간질간질하지만, 어느 순간 휘몰아치는 폭풍. 폭풍의 한가운데서 자신도 모르는 사이에 변해갑니다. 뼈가 자라고, 눈이 깊어지고, 목이 아픕니다. 온통 긴장한 탓일까요. 빳빳하게 잠이 들고 잠 속은 온통 구멍 뚫린 함정들뿐입니다.

　사랑을 처음 느낄 때 이곳을 벗어나 새로운 곳으로 이끌려 가는 느낌, 그 뜨끈뜨근한 느낌을 어찌할지 몰라 서성거리는 나 그리고 너의 모습. 두렵고 무섭지만 거부할 수 없는 황홀한 그 감정의 소용돌이로 가기 위해서 언니가 떠나려고 하네요. 문을 열고 달처럼 신비한 곳으로요.

　떠나야 하는 순간이 닥치면 도롱뇽은 스스로 꼬리를 잘라내 버립니다. 첫사랑은 도롱뇽처럼 익숙하고 낡은 꼬리를 잘라내는 아픔으로부터 시작되는 것인지도 모르겠습니다. 소심한 사람들은 꼬리를 잘라내는 일보다 남겨진 것들에게서 시선을 거두지 못하는 법이지요. 한 번쯤 정지하는 도롱뇽처럼. 그렇게 뒤돌아봐도 결국 떠나야만 해요. 우리는 첫사랑, 이라는 새로운 행성을 발견해버리고 말았으니까요.

　갈 수밖에 없으니 갑시다. 그 행성이 기쁨보다 슬픔이 가득한 곳이라고 해도요. 뭐 어때요, 한바탕 진하게 울고 다시 떠나면 되지요. 그냥, 가버립시다. 첫사랑을 앓고 있는, 첫사랑을 잊지 못하는 우리 모두!

이영주 올림

이영주
2000년 『문학동네』 신인상으로 등단했다. 시집 『108번째 사내』 『언니에게』가 있다. 현재 '불편' 동인으로 활동 중이다.

손택수의 편지

점심으로 라면을 먹다
모처럼 만에 입은
흰 와이셔츠
가슴팍에
김칫국물이 묻었다

난처하게 그걸 잠시
들여다보고 있노라니
평소에 소원하던 사람이
꾸벅, 인사를 하고 간다

김칫국물을 보느라
숙인 고개를
인사로 알았던 모양

살다 보면 김칫국물이 다
가슴을 들여다보게 하는구나
오만하게 곧추선 머리를

푹 숙이게 하는구나

사람이 좀 허술해 보이면 어떠냐
가끔은 민망한 김칫국물 한두 방울쯤
가슴에 슬쩍 묻혀나 볼 일이다

— 「가슴에 묻은 김칫국물」, 『나무의 수사학』, 실천문학사, 2010

김칫국물 가라사대

관계를 고민하는 이들에게

　다니던 회사의 종무식 날이었습니다. 한 해를 보내는 소감을 말하는데 아끼던 후배가 정색을 하고 이렇게 이야기하는 게 아니겠습니까. '올해 최고의 기쁨은 좋아하는 시인과 함께 일을 하게 된 거고, 그것이 최고의 슬픔이기도 하다'.

　동료 직원들이 모두 저를 쳐다보는 것 같았습니다. 너무도 부끄러워 어디 쥐구멍이라도 들어가고 싶은 심정이었지요. 시인이란 위인이 뭐 저래? 비난이 한 몸에 쏟아지는 듯 통증이 일었습니다.

　일상 속에서 가끔씩 이런 상황에 직면할 때마다 여간 속상한 게 아닙니다. '시인이 무슨 천사인 줄 아나!' 항변이 목 끝까지 치밀어 오르지만, 꾹 눌러 참고, 만약 상대방이 알면 경악해 쓰러질 만한 극도의 분노와 자학적인 자기반성에 빠지는 게 저의 못난 버릇입니다.

그날은 친구와 몹시 다툰 날이었습니다. 이제 너란 위인과 다시는 상종을 않겠다, 무슨 논쟁 끝에 절교를 선언했습니다. 그러고 나서 헛헛한 속을 달랠 겸 라면을 먹는데 앞가슴에 떨어진 김칫국물이 보였습니다. 칠칠치 못한 스스로가 언짢고, 다투고 헤어진 친구 생각까지 겹쳐 심란한 마음이 더 심란해졌습니다. 그런데, 앞에서 오던 사람이 김칫국물을 보기 위해 고개를 숙인 제게 인사를 하는 게 아니겠습니까.

가끔씩 이렇게 전혀 시적이지 않을 것 같은 일상이 낯설게 다가올 때가 있습니다. 예상치 못한 상황에서 한 소식 한 것 같은 포즈를 취하고 있는 이 시는 사실 타자와의 소통이 얼마나 힘든 것인가를 배면에 은근히 깔고 있습니다. 그래서 '묻혀도'나 '묻혀'라고 하지 않고 다소 자조적인 조사를 붙여 '묻혀나'라고 한 것입니다.

오만한 머릿속의 먹물을 앞세워 뻣뻣해질 때마다 고개를 숙이게 했던 김칫국물을 생각해봅니다. 김칫국물 가라사대, 차가운 이성과 뜨거운 심장은 좀 친근해질 필요가 있다는군요.

참, 잊은 게 있습니다. 실은 그때 입고 있던 옷은 '흰 와이셔츠'가 아니라 검정색 티셔츠였습니다. 검정색 티셔츠에 묻어 잘 드러나지 않는 김칫국물을 보다가 흰 와이셔츠로 바꾸는 순간 반짝, 시가 줄줄 흘러나온 것입니다.

손택수 올림

손택수
1998년 한국일보 신춘문예에 「언덕 위의 붉은 벽돌집」이 당선되면서 작품 활동을 시작했다. 시집 『호랑이 발자국』 『목련 전차』 『나무의 수사학』이 있다. 신동엽창작상, 이수문학상, 오늘의젊은예술가상 등을 수상했다.

박남준의 편지

봄비는 오고 지랄이야
꽃은 또 저렇게 피고 지랄이야
이 환한 봄날이 못 견디겠다고
환장하겠다고
아내에게 아이들에게도 버림받고 홀로 사는
한 사내가 햇살 속에 주저앉아 중얼거린다
십리벚길이라던가 지리산 화개골짜기 쌍계사 가는 길
벚꽃이 피어 꽃 사태다
앞서거니 뒤서거니 피어난 꽃들
먼저 왔으니 먼저 가는가
이승을 건넌 꽃들이 바람에 나풀 날린다
꽃길을 걸으며 웅얼거려본다
뭐야 꽃비는 오고 지랄이야

꽃 대궐이라더니
사람들과 뽕짝거리며 출렁이는 관광버스와
쩔그럭 짤그락 엿장수와 추억의 뻥튀기와 뻔데기와
동동주와 실연처럼 쓰디쓴

단숨에 병나발의 빈 소주병과

우리나라 사람들 참 부지런하기도 하다

그래 그래 저렇게 꽃구경을 하겠다고

간밤을 설쳤을 것이다

새벽차는 달렸을 것이다

연둣빛 왕버드나무 머리 감는 섬진강 가

잔물결마저 눈부시구나

언젠가 이 강가에 나와 하염없던 날이 있었다

흰빛과 분홍과 붉고 노란 봄날

잔인하구나

누가 나를 부르기는 하는 것이냐

― 「봄날은 갔네」, 『그 아저씨네 간이 휴게실 아래』, 실천문학사, 2010

봄비가 오는 아침

아름다운 시어만 시가 된다고 생각하는 분들에게

    봄비가 오는 아침이었다. 전주 근교 지인의 집들이에 초대받아 차와 술로 차곡차곡 지난밤을 새웠던 터였다. 봄꽃들이 피어 있었는데 먼저 일어나 처마 끝에 앉아 있던 선배가 중얼거렸다. "봄비는 오고 지랄이야." 마루를 내려서다가 들은 그 소리에 나는 감전된 것처럼 멈칫거렸다.

지리산 자락 집으로 돌아오는 길 쌍계사로 가는 화개골짜기는 벚꽃이 피어 그야말로 꽃사태였다. 반짝이는 섬진강과 연둣빛을 휘날리는 버드나무와 하얀 꽃잎이 눈처럼 날리는 풍경 속을 걷다가 문득 나도 모르게 "뭐야 꽃비는 오고 지랄이야" 하고 선배의 말투를 되뇌었다. 무언가 내 안을 스치고 가는 것이 있었다.

메모장을 꺼냈다. 벚꽃이 흐드러지는 꽃그늘 아래 앉아 받아쓰기를 시작했다. 그 선배의 내몰린 처지를 떠올렸다. 청춘의 언젠가 쑥부쟁이 꽃이 피어난 섬진강 길을 걷다가 하염없었던 날들과 이제는 반백의 머리가 되어버린 내 모습을 덧대어 그려 넣었다. 「봄날은 갔네」라는 시가 나왔다.

전주 한옥생활체험관 개관 기념행사에서 처음 이 시를 낭송했다. 엿장수 가위와 반쯤 남은 소주병을 소도구로 사용하여 단순한 낭송이 아닌 퍼포먼스 격 시 낭송을 하려고 시의 첫 행을 읊는데, 앞에 앉아 있는 아주머니의 투덜거리는 소리가 귀에 들어왔다. 아이들하고 같이 왔는데 무슨 시 낭송을 한다고 하면서 욕을 다 하느냐고, 저런 것이 무슨 시냐고, 시도 아니라고 아이를 데리고 나가버린다.

행사가 끝나고 뒤풀이를 하는데 여기저기서 깔깔거린다. 술상이 이렇게 푸짐하고 지랄이냐고, 안주는 자꾸 갖다주고 지랄이냐고.

  시가 아름다운 시어로만 쓰여 있어야 하는 것은 아니다. 슬픔과 아름다움과 분노와 절망과 상처, 탄생과 죽음, 그리하여 시는 세상의 삶에 대한 노래인 것이다. 한 시인이 온몸으로 밀고 나가는 정신과 다름없다. 이 시에 나오는 한마디의 욕이 당신의 일상에서 쌓인 스트레스를 조금이라도 풀어줄 수 있다면…….

박남준 올림

박남준

1984년 시 전문지 『시인』에 시를 발표하며 작품 활동을 시작했다. 시집 『세상의 길가에 나무가 되어』 『풀여치의 노래』 『그 숲에 새를 묻지 못한 사람이 있다』 『다만 흘러가는 것들을 듣는다』 『적막』 『그 아저씨네 간이 휴게실 아래』, 산문집 『작고 가벼워질 때까지』 『꽃이 진다 꽃이 핀다』 『박남준 산방 일기』 등이 있다.

이영광의 편지

죽도록 공부해도 죽지 않는다, 라는
학원 광고를 붙이고 달려가는 시내버스
죽도록 굶으면 죽고 죽도록 사랑해도 죽는데,
죽도록 공부하면 정말 죽지 않을까
죽도록 공부해본 인간이나
죽도록 해야 할 공부 같은 건 세상에 없다
저 광고는 결국,
죽음만을 광고하고 있는 거다
죽도록 공부하라는 건
죽으라는 뜻이다
죽도록 공부하는 아이들을 위해
옥상과 욕조와 지하철이 큰 입을 벌리고 있질 않나
공부란 활활 살기 위해 하는 것인데도
자정이 훨씬 넘도록
죽어가는 아이들을 실은 캄캄한 학원버스들이
어둠속을 질주한다, 죽기 살기로

―「죽도록」, 『아픈 천국』, 창비, 2010

순진한 생각

잠깐 공부를 멈추고 쉬고 싶은 이들에게

　어느 날 늦은 귀갓길에 '죽도록 공부해도 죽지 않는다'라는 학원 광고를 옆구리에 붙이고 가는 시내버스를 봤습니다. 놀랍고 어이없고 우스웠습니다. 그러다가 가을밤처럼 쓸쓸해졌습니다.
　죽도록 공부해본 적도 없는 사람들이, 어차피 죽도록 공부하지도 않을 학생들에게, 죽도록 공부하라고 다그치는 그 블랙코미디 앞에서 웃을 수가 없었습니다. 아무도 죽도록 공부하지 않지만, 살아남기 위해선 모두가 그렇게 해야만 한다는 강박에 시달리는 곳에선 누구나 괴로워하며 살 수밖에 없을 테니까요.
　나쁜 성적을 비관한 끝에 아까운 목숨을 버리는 학생들이 잊을 만하면 뉴스에 나옵니다. 살려면 죽도록 공부해야만 한다는 강요가 그 비극들의 원인이겠지요. 물질이 넘치는 시대가 되었는데도 생존의 위협은 더 커져서, 아무도 죽이러 오지 않는데 공포에 질린 짐승처럼 우리는 살아갑니다. "죽도록 공부하라는 건/죽으라는 뜻"인 것만 같습니다.
　어쩌면 우리는 경쟁 속에 자기를 몰아넣어 한 번쯤 죽여야 간신히 살아갈 수 있게 된 건지도 모릅니다. 나누는 마음, 돕는 마음, 함께 사는 마음을 버리고, 외면하고 적대하고 짓밟는 마음을 가져야지만 이 무서운 정글에서 생존할 수 있는 건지도 모릅니다. 하지만 그렇게 해서 얻은 생존은 행복하지도 기쁘지도 않을 것 같습니다.

 아마도 이것은 현실을 도통 모르는 순진한 생각이겠지요. 그래도 뭐, 어쩔 수 없습니다. 우리가 사는 현실이 현실의 전부일 수는 없으니까요. 그리고 현실을 얽어매어 '죽도록' 몰아세우고 끌고 다니는 그 현실은, 현실을 모르는 눈이 아니면 잘 보이지 않을 테니까요.

이영광 올림

이영광
1998년 『문예중앙』 신인문학상에 「빙폭」 외 9편이 당선되어 등단했다. 시집 『직선 위에서 떨다』 『그늘과 사귀다』 『아픈 천국』이 있다. 노작문학상, 미당문학상을 수상했다.

장석남의 편지

양평 골짜기 소나무 바위 밭에 이끼농사를 지으시는 분
쓰고 남는 상품(上品) 그늘들 묵히기 너무나 아까워 매매하시길
내가 아는 한 여자의 팔월 도라지꽃을 적당히 앉혀서 내놓으시면
오명 가명 처음 보는 상품(商品)에 모두들 궁리가 깊어질 거야
녹음과 보라에 궁리를 더해가면서 어른 아이 할 것 없이 모여들 거야
뭣에 쓰는 물건인지 궁금할 거야
눈웃음들 웃으며 궁리할 거야
아무도 사가는 이 없을 테지만

—「그늘 농업」, 『뺨에 서쪽을 빛내다』, 창비, 2010

시 쓰는 일과 농사일

그늘 가꾸는 일에 의문을 품는 분들에게

양평 어느 골짜기에 가면 제가 존경하는 한 선생님은 지극정성으로 위의 이야기와 같이 그늘을 가꾸십니다. 그늘을 어떻게

가꾸느냐구요? 이끼 농사를 지으신다는 말씀입니다. 뒷산의 골짜기 바위 이끼들을 마당가의 바위들에 옮겨 붙이고는 물을 대고 뿌려주는 일입니다. 이제는 물을 나르는 일이 힘겨워 자동화도 된 줄 압니다. 말하자면 자동 물뿌리개를 달아놓으신 거죠. 그 새파랗고 탐스럽게 자라난 이끼들을 보는 눈은 참으로 시원했고 상쾌했고 단순했고 절도 있었으며 명상적이었습니다. 조용히 감탄이 나왔습니다.

그 이끼들을 가꾸는 일은 생각해보면 참으로 이문이 많은 농사라는 생각이 직감적으로 들었습니다만, 또한 보통 여염한 생각으로는 실현하기 어려운 일이란 사실도 직감적으로 알 수 있습니다. 돈이 귀중하지 않아서 혹은 돈의 쓰임이 긴요하지 않아서가 아니라, 그 돈의 근본에 대해 단 한 자 깊이의 생각도 외면하는 세태 속에서 그 그늘 농사, 아니 이끼 농사는 어쩌면 아주 중요한 메시지로 다가왔습니다.

시 쓰는 일이 그 농사일과 같습니다. 이끼를, 그늘을 가꾸는 일입니다. 그 일은 스스로 즐거우며 스스로 고되나 우연찮게도 누군가에게 발견된다면 그에게도 저 깊은 속으로부터 번져 나오는 기쁨을 선사하는 일입니다.

그 농사야말로 비로소 시가 생활에 스민 것이 아닐까 하는 생각을 하게 되었습니다. 가격이 폭락할 걱정이 없을 테니 우선 눈웃음을 웃어도 될 농업일 겁니다. 한가한 이야기라고요? 하여튼 이끼 팔러 다니는 장사가 언젠가 되긴 될 겁니다. 모든 인간은 그늘이 있게 마련이거든요. 그리고 그 그늘을 받아안는 것에서부터 구원이 비롯되거든요. 너무 심각해졌습니다. 암튼 도라지꽃 올린 이끼 한 판 있다면 사고 싶습니다.

장석남 올림

장석남

1987년 경향신문 신춘문예에 당선되면서 작품 활동을 시작했다. 시집 『새떼들에게로의 망명』, 『지금은 간신히 아무도 그립지 않을 무렵』, 『젖은 눈』, 『왼쪽 가슴 아래께에 온 통증』, 『미소는, 어디로 가시려는가』, 『뺨에 서쪽을 빛내다』, 『고요는 도망가지 말아라』, 산문집 『물의 정거장』, 『물 긷는 소리』 등이 있다.

이은봉의 편지

　숙취의 느지막한 아침, 새하얀 수세식 양변기 위, 봉두난발의 살쾡이 한 마리, 퀭한 눈망울을 하고 멀뚱히 앉아 있다

　양변기 뒤쪽
　비눗물 자욱 너저분한 커다란 거울
　숙취로 더럽혀진
　어젯밤 죄…… 비추고 있다

　새로 지은 원룸 아파트 안팎, 온통 캄캄하다 환하게 빛나는 것은 어디에도 없다 아흐, 이 사람 각자 선생이라니!

　　―「살쾡이 한 마리」, 『첫눈 아침』, 푸른사상사, 2010

반성하고 성찰하지 않는 인간이 어디 있으랴

가족들과 떨어져 혼자 사는 외로운 사람들에게

인간이 지니고 있는 다른 생명체와 변별되는 특징은 수없이 많습니다. 끊임없이 자기 자신을 고쳐나가는 존재가 인간이라는 것도 그중의 하나입니다.

자신을 고쳐나가기 위해 인간이 행하는 첫 번째 심리적 기제는 반성과 성찰입니다. 반성하고 성찰하지 않는 인간이 어디 있겠습니까. 반성하고 성찰하지 않고서는 자기 자신을 고쳐나갈 수 없는 것이 인간입니다. 반성하고 성찰하는 일, 이는 다른 생명체에게는 없는 인간만이 지니고 있는 보편적인 특징입니다.

반성하고 성찰하는 일은 그동안 영위해온 자기 자신의 삶을 객관적으로 바라볼 때 가능해집니다. 여기서 객관적으로 바라본다는 것은 자기 자신의 삶을 남의 삶처럼 대상화시켜 바라본다는 것을 뜻합니다. 대상화시켜 바라본다는 것 자체가 인간이 지니고 있는 중요한 특징 중의 하나이기도 하지만 말입니다.

자기 자신의 삶을 남의 삶처럼 대상화시켜 바라보기는 쉽지 않습니다. 쉽지 않기 때문에 그것은 인간으로서의 최소한의 품위와 관계될 수밖에 없습니다. 자기 자신의 삶을 남의 삶처럼 대상화시켜 바라볼 때 반성과 성찰이 가능해지고, 반성과 성찰이 가능해질 때 자기 자신의 삶을 고쳐나갈 수 있다는 것을 잊어서는 안 됩니다.

자기 자신의 삶을 고쳐나가는 것이야말로 인간이 자신의 품위를 높여나가는 것이 아닐까 싶습니다. 자기 자신의 삶을 고쳐나가는 방향이 어디고 무엇인지를 알면 이는 더욱 자명해집니다. 인간은 자신의 욕망을 풀고 펼치는 존재이기도 하지만, 그것을 감추고 다듬는 존재이기도 합니다. 자기 자신의 욕망을 모으고 갈고닦는 일이야말로 자기 자신을 고쳐나가는 일차적인 방향일 것입니다.

여기서 지금 이런 이야기를 하는 까닭은 단순합니다. 위에서 예시한 저의 졸시 「살쾡이 한 마리」가 바로 일상의 삶을 반성하고 성찰하는 내용을 담고 있기 때문입니다. 반성하고 성찰하는 내용을 담고 있다고는 하지만 거기에는 다소간의 설명이 필요합니다. 이 시를 제대로 읽기 위해서는 몇 가지 논의가 요구된다는 이야기입니다.

이 시의 서정적 주인공은 '살쾡이 한 마리'입니다. '살쾡이 한 마리'가 화자인 시인 자신을 객관화한 알레고리라는 것은 불문가지입니다. 화자인 시인? 화자인 시인은 물론 이 글을 쓰고 있는 나, 이은봉 자신입니다. 이 시를 쓸 때 나는 나 자신이 꾸리고 있는 삶의 내용, 반성과 성찰의 내용을 직접적으로 토로하기가 좀 쑥스럽고 어색했던 모양입니다. 그래서 이처럼 내 이야기를 남 이야기처럼 하는 것이겠지요. 물론 여기서 내 이야기를 남 이야기처럼 하는 것은 리얼리티를 높이기 위해서입니다. 실감의 밀도를 높이기 위해서라는 것입니다.

　이 시에서 '살쾡이 한 마리'는 저녁이 되고, 밤이 되어도 가족들과 함께 지내지 못합니다. 가족들과 떨어져 혼자 살고 있는 존재라는 것입니다. 먹이를 따라 떠돌아다니며 살 수밖에 없는 후기자본주의 시대, 이른바 노마드 시대에는 너무도 흔한 것이 이런 사람입니다. 이런 사람은 저녁이 오고, 밤이 오면 비슷한 처지의 사람들끼리 모여 술을 마시며 외로움을 달래기 일쑤입니다.

　술을 마실 때는, 술에 취했을 때는 좋지요. 하지만 술에 취해 숙소인 원룸 아파트의 침대에 함부로 너부러져 있다가 아침에 눈을 뜰 때는 정말 참담해지지요. "숙취의 느지막한 아침, 새하얀 수세식 양변기 위"에 "퀭한 눈망울을 하고 멀뚱히 앉아 있"는 시인의 모습을 상상해보세요. 영락없이 "봉두난발의 살쾡이 한 마리"이지요.

　이런 내 모습을 반성하고 성찰하면서 쓴 것이 이 시입니다. 아무리 외로워도 다시는 술 따위로 외로움을 달래지 않겠다고 다짐을 하면서 말입니다. 술은 잠시 우리의 영혼을 마취시킬 뿐이지요. 그러니 제 입에서 "아흐, 이 사람 각자 선생이라니"라는 탄식이 나오는 것이 당연하지 않겠습니까.

이은봉 올림

이은봉

1983년 『삶의 문학』 제5집에 「시와 상실의식 혹은 근대화」를 발표하면서 평론가로 등단했고, 1984년 창작과비평사 신작시집 『마침내 시인이여』에 「좋은 세상」 등을 발표하면서 시인으로 등단했다. 다수의 문예지 편집에 관여해 편집위원, 편집인, 주간 등으로 일했다. 시집 『좋은 세상』 『봄 여름 가을 겨울』 『절망은 어깨동무를 하고』 『무엇이 너를 키우니』 『내 몸에는 달이 살고 있다』 『길은 당나귀를 타고』 『책바위』 『첫눈 아침』, 평론집 『실사구시의 시학』 『시와 리얼리즘』 『진실의 시학』 『시와 생태적 상상력』, 연구서 및 시론집 『한국현대시와 현실인식』 『화두 또는 호기심』 등이 있다. 한성기문학상, 유심작품상, 가톨릭문학상 등을 수상했다. 현재 광주대학교 문예창작학과 교수로 있다.

최종천의 편지

오천 원은 추상이 아니고 상징도 아니다
오천 원은 애인도 미스 김도 아니요 사랑도 아니다
오천 원을 어떻게 잊으라는 말이냐!
이회창 씨는 옥탑방을 모르고
정몽준 의원은 버스비가 70원이라고 하는데
오천 원은 나에게 거금이다
오천 원을 가지고 나는
애인과 이별을 할 수도 있고 안 할 수도 있다
오천 원이여! 버스 요금통에 집어넣고
거스름돈을 받지 않은 오천 원의 그림자여
오천 원어치의 걸음을 걸으며
사랑보다 오천 원이 더 믿을 만한 것이라고
버스 요금통에 실려 가는 오천 원을 생각한다

— 「오천 원」 『고양이의 마술』, 실천문학사, 2011

오천 원은 적은 돈이 아니다

돈을 사용하는 모든 분들에게

 시인이 쓰는 시라고 하여 생활과 별개의 내용을 가지고 있는 것은 아니다. 시인은 생활 속에서 흔해 보이는 것들을 전형화하여 시로 쓰는 것이다. 따라서 나도 실제로 겪었던 일을 소재로 하여 시를 쓰는 경우가 많다. 시 「오천 원」도 그런 경우인데 아주 옛날 일을 시로 쓴 것이다. 봉천동 달동네에 살던 시절 그때는 토큰이라는 버스 동전이 따로 있었는데, 토큰 사는 것을 잊어버리고 버스에 탄 것이다. 얼떨결에 오천 원짜리를 동전 통에 넣고 통을 살펴보니 어라! 토큰만 가득하고 동전이 없었다. 내릴 곳에 도착하여 어찌 해야 좋을지를 몰라 내리고 말았던 것이다.
 나는 화가 나서 다음 퇴근할 때는 오천 원어치라고 생각되는 만큼의 거리를 걸어서 집에 왔다. 내가 오천 원을 그렇게 동전 통에 집어넣은 심리에는 오천 원이라는 금액을 무시한 것도 있는 것 같다. 그러나 지금이나 그때나 오천 원은 결코 적은 돈이 아니다. 돈이라는 것은 우리의 엄마, 아빠, 형, 동생, 누나 들이 직장에 출근하여 일함으로써 만들어지는 것이기 때문이다. 또 돈은 자연물을 가져와 사람들의 요구에 맞게 가공함으로써 최초로 물건이 만들어지고, 또 그 물건을 재가공하여 시중에 유통시켜야 얻어지는 것이다. 그런 이유로 하나님은 부자는 천국에 들어가기가 낙타가 바늘구멍에 들어가는 것보다 어렵다고 한 것이다. 경제를 영어로 'Economy'라고 하는데, 그 본래의 뜻 중 '절약'이라는 의미도 있다. 그러니까 소박하게 사는 것이 경제적으로 사는 것이다. 이렇게 생각하면 오천 원이라는 돈은 절대로 적은 돈이 아니다.

그런데 버스 요금 통에 넣어버린 오천 원을 어떻게 잊으라는 것인가!

정치를 하는 사람들이 옥탑방이 무엇인지 모르고 버스비를 70원으로 알고 있는 것은 그들이 오천 원을 무시하기 때문이고, 돈이 엄청 많기 때문일 것이다.

돈이 귀중한 것이긴 하나, 돈에 구속당하지 않는 사람이 없다. 이러한 상황을 풍자하고 싶어서 쓴 시가 「오천 원」이라는 시다. 오천 원 정도면 한 사람이 하루를 살 수도 있다. 정말이지 오천 원은 애인과 이별할 수도, 안 할 수도 있는 금액이다. 오천 원 때문에 우는 사람들이 얼마나 많은가?

아차! 지금 갑자기 생각이 났다. 그때 버스 기사는 거스름돈을 버스 토큰으로 줄 수 있었을 것이다. 근데 내가 그 생각을 미처 하지 못하고 버스에서 내려버린 것이다. 왜 이제야 생각이 났을까? 나는 참 멍청한 모양이다.

최종천 올림

최종천

1986년 『세계의 문학』을 통하여 등단했다. 시집 『눈물은 푸르다』 『나의 밥그릇이 빛난다』 『고양이의 마술』 등이 있다. 신동엽창작상과 오장환문학상을 수상했다.